Hans-Dieter Leuenberger

Engelmächte

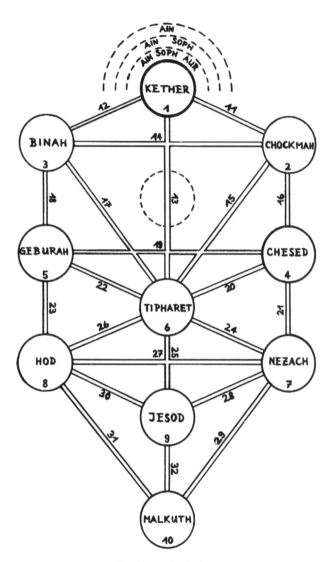

Der Baum des Lebens

Hans-Dieter Leuenberger

Engelmächte

Vom praktischen Umgang mit kosmischen Kräften

Verlag Hermann Bauer
Freiburg im Breisgau

Die Deutsche Bibliothek – CIP-Einheitsaufnahme

Leuenberger, Hans-Dieter:
Engelmächte : vom praktischen Umgang mit
kosmischen Kräften / Hans-Dieter Leuenberger.
[Zeichn. von Hans Wartenberg]. – 1.–5. Tsd. –
Freiburg im Breisgau : Bauer, 1991
  ISBN 3-7626-0430-4

Mit vier Farbtafeln.
Zeichnungen von Hans Wartenberg.

1991
ISBN 3-7626-0430-4
© 1991 by Verlag Hermann Bauer KG, Freiburg im Breisgau.
Alle Rechte vorbehalten.
Umschlag: Grafik-Design, Augsburg.
Satz: CSF ComputerSatz GmbH, Freiburg im Breisgau.
Druck und Bindung: Wiener Verlag, Himberg.
Printed in Austria.

Bleibt, ihr Engel, bleibt bei mir!
Führet mich auf beiden Seiten,
Daß mein Fuß nicht möge gleiten,
Aber lehrt mich auch allhier
Euer großes Heilig singen
Und dem Höchsten Dank zu bringen!
　　(J. S. Bach: Arie aus der Kantate BWV 19
　　»Es erhub sich ein Streit«)

Wer, wenn ich schrie, hörte mich denn aus der Engel
Ordnungen? und gesetzt selbst, es nähme
einer mich plötzlich ans Herz: ich verginge von seinem
stärkeren Dasein. Denn das Schöne ist nichts
als des Schrecklichen Anfang, den wir noch gerade
　　ertragen,
und wir bewundern es so, weil es gelassen verschmäht,
uns zu zerstören. Ein jeder Engel ist schrecklich.
　　(Rainer Maria Rilke:
　　Die Erste Duineser Elegie)

Die Welt, die jeder Mensch lebt, ist die Welt, die er aus
seinen geistigen Bildern formt. Je besser
die Bilder um so besser die Welt. »Besser« meint
in diesem Zusammenhang eine wahrhaftigere
Übereinstimmung mit der fundamentalen Bilderwelt des
Universalen Geistes.
　　(Paul F. Case)

»Die Welt ist Illusion; das haben wir im Osten
erkannt. Ihr im Westen habt erkannt, daß die Illusion als
Brücke über den Abgrund zur Wahrheit gespannt werden
kann.«
　　(Der Meister des Ostens zum Schüler
　　des Westens)

Inhalt

Haben Sie jemals einen Engel gesehen?	11
Wirklichkeit und Realität der Engel	14
Von der Ordnung und Hierarchie der Engel . .	35
Der Baum des Lebens	49
Metatron, der Erzengel von Kether	57
Raziel, der Erzengel von Chockmah	58
Zaphikiel, der Erzengel von Binah	61
Zadkiel, der Erzengel von Chesed	63
Kamael, der Erzengel von Geburah	65
Michael, der Erzengel von Tipharet	66
Haniel, der Erzengel von Nezach	69
Raphael, der Erzengel von Hod	72
Gabriel, der Erzengel von Jesod	74
Sandalphon und Auriel, die Erzengel von Malkuth	76
Praktische Arbeit mit der Kraft der Engel . . .	79
Vorbereitung	88
Die Reise zum Erzengel Gabriel	91
Analyse	105
Vorbereitung	121
Die Reise zum Erzengel Michael	124
Analyse	139

Hinweise und Materialien für die Praxis 157

Warnungen 158

Informationen zu Malkuth 167

Informationen zu Hod 172

Informationen zu Nezach 175

Qliphotische Energien 178

Der fünfundzwanzigste und
zweiunddreißigste Pfad 181

Die Reise eines Blinden 185

Bibliographie 187

Haben Sie jemals einen Engel gesehen?

Im Jahre 1982 machte der holländische Arzt Dr. H. C. Moolenburgh ein spontanes Experiment. Er stellte jeweils den Besuchern seiner Sprechstunde am Ende des ärztlichen Gesprächs folgende Frage: »Haben Sie jemals in Ihrem Leben einen Engel gesehen?« Er konfrontierte genau vierhundert Personen mit dieser Frage und da seine Patienten den verschiedensten religiösen Bekenntnissen angehörten und auch aus den verschiedensten sozialen Kreisen kamen, gibt sein Experiment wahrscheinlich einen recht guten Anhaltspunkt darüber, wie Menschen in der heutigen Zeit über Engel denken. Nur relativ wenige der Befragten empfanden die Frage als absurd oder reagierten in irgend einer Weise negativ darauf. Dr. Moolenburgh stellte vorwiegend drei Arten der Reaktion fest: Der größere Teil der Befragten verfiel spontan in eine tiefes Nachdenken »als ob sie versuchten, sich an etwas zu erinnern, an etwas, das sich ihrem Gedächtnis entwand. Eine Erinnerung, die ihrem Tagesbewußtsein nicht zugänglich war, die aber eine tiefere Bewußtseinsschicht berührte?« Einige reagierten auf die Frage mit einem spontanen Lachen »aber es war kein sarkastisches oder höhnisches Gelächter. Nein, ein richtiges lustiges frisches Lachen etwa in dem Sinn ›ja, was es doch nicht alles gibt‹. Eine dritte Gruppe versuchte sich sachlich mit dieser Frage auseinanderzusetzen und bemühte sich, eine nüchterne und vernünftig klingende Antwort zu geben. Nur wenige reagierten ausgesprochen negativ. Dr. Moolenburgh zog daraus den Schluß, daß es offenbar auch in der heutigen Zeit nicht gar so abwegig ist, über das Thema Engel zu sprechen und sich mit ihrer Existenz oder Nichtexistenz auseinanderzusetzen.

Bei den Menschen, die seine Frage positiv beantworteten, fiel Dr. Moolenburgh auf, daß die wenigsten im Sinne seiner Frage antworteten, die lautete: »Haben Sie jemals einen Engel gesehen?« Hier zeigte sich dann deutlich, daß der Begriff »Engel« bei den meisten Menschen mit dem Übersinnlichen schlechthin in Verbindung gebracht wird. Die Engel wurden auch kaum je so gesehen, wie wir dieses Wort verstehen, sondern die Menschen drückten damit die Präsenz einer jedes menschliche Vermögen übersteigenden Kraft aus, die, weil sie nicht begriffen werden kann, als etwas betrachtet wird, das aus einer jenseitigen Sphäre stammt. Dies geschieht vor allem in Momenten, wo eine akute oder lebensbedrohende Situation entsteht, die nach menschlichem Ermessen mit natürlichen Mitteln nicht bewältigt werden kann. Berichteten die Befragten wirklich von Engeln, die sie gesehen hatten, so hatten diese Engel meist keine menschliche Form, sondern sie wurden als Erscheinung eines oft überirdisch wirkenden Lichtes erfahren.

Auch die exakte Beschreibung von Wundergeschichten, die in der Detailschilderung beinahe biblische Ausmaße erreichten, fehlte in den Antworten nicht. Aber diesen Wundererzählungen haftete insgesamt die gleiche Eigenschaft an, welche das Merkmal fast aller mündlich überlieferten Wundererzählungen ist: Nach dem Bericht eines Freundes meines Freundes, der es seinerseits von seinem Vetter vernommen hat, ist es kaum je der Erzähler selbst, der eine solche transzendentale Erfahrung gemacht hat, sondern er beruft sich immer auf Quellen, die gut und gern um sieben Ecken herum liegen können.

Aus dieser improvisierten Befragungsaktion des Dr. Moolenburgh kann zweierlei herausgelesen werden. Zuerst einmal läßt sich daraus erkennen, daß auch in der heutigen Zeit an der Wirklichkeit von Engeln meist nicht gezweifelt wird. Engel sprechen offenbar eine der tiefsten Schichten der menschlichen Psyche an – oder es kann auch umgekehrt ausgedrückt werden – sprechen aus dieser tiefsten Schicht heraus zu uns. Dieses Urbewußtsein über die Existenz der Engel ist verbunden mit der Schwierigkeit, ihre Wirklichkeit irgendeiner Realität zuzuordnen, die für den jeweiligen Menschen faßbar und erklärbar ist. Die Zuordnung scheint dann mehr oder weniger automatisch zu erfolgen, zumindest auf eine Weise, die im nachhinein nicht näher erläutert werden kann. Dies würde die Reaktionen des langen, tiefen Nachdenkens und des spontanen Lachens erklären. Diese Zuordnung zu einer für Menschen faßbaren Realität ist das zweite Merkmal, das sich aus den Antworten herauslesen läßt und es erklärt auch die so vielfältigen und untereinander differierenden Antworten. Wie schon erwähnt, versucht jeder Mensch, die von ihm gewissermaßen archetypisch erlebte Wirklichkeit der Engel in eine dem jeweiligen weltanschaulichen Standort des Betreffenden gemäße Realität zu übertragen. So reichen denn die einzelnen Erklärungen von der Parapsychologie über die Psychologie bis hin zu tiefster religiöser, ja auch fundamentalistischer Gläubigkeit. Zusammenfassend kann also gesagt werden: gemeinsam ist den Menschen offenbar die Wirklichkeit der Engel, das heißt, ihre reale Existenz. Die Realität indessen, das heißt, die Ebene, auf der diese Wirklichkeit erfahren werden kann oder erfahren wird, zeigt sich in der Form von vielfältigen voneinander abweichenden Schilderungen dieser persönlichen Erfahrung.

Wirklichkeit und Realität der Engel

Im vorhergehenden Kapitel haben wir von der Wirklichkeit und der Realität der Engel gesprochen. Für das Verständnis dessen, was Engel sind, und wie ihre Kraft wirkt, ist es sehr wichtig, daß diese beiden Begriffe klar unterschieden werden.

Befassen wir uns zuerst mit dem Begriff »Wirklichkeit«. Gehen wir einmal von der Voraussetzung aus, daß wir mit dem Wort »Wirklichkeit« bezeichnen wollen, wie etwas ist. Vielleicht sitzen Sie bei der Lektüre dieses Buches an einem Tisch. Auch wenn Sie nicht an einem Tisch sitzen, können Sie für einen Moment die Augen schließen und für sich das Wort »Tisch« aussprechen. Betrachten Sie jetzt mit Ihrem äußeren oder inneren Auge diesen Tisch. Na ja, werden Sie denken, das ist eben ein Tisch. Aber wenn Sie etwas tiefer nachdenken, dann wird Ihnen gleich die Frage kommen, was ist denn eigentlich dieser Tisch? Sie können den Tisch nun beschreiben und sagen, er bestehe aus einer ebenen Fläche mit meistens vier Beinen. Diese ebene Fläche kann viereckig oder auch rund sein und so weiter. Aber bald werden Sie merken, daß diese Beschreibung noch nicht genügt, um die Wirklichkeit des Tisches zu erfassen. Denn diese ebene Fläche mit Beinen, die Sie als Tisch bezeichnen, kann aus verschiedenen Materialien angefertigt sein. Befinden Sie sich in einem geschlossenen Raum, so ist anzunehmen, daß das Material des Tisches, an dem Sie sitzen, aus Holz ist. Sind Sie dagegen im Freien, wird das Material des Tisches höchstwahrscheinlich aus Metall oder Kunststoff bestehen. So können wir sagen, ein Tisch besteht entweder aus Holz oder er ist aus Metall oder Kunststoff. Wenn wir unsere Gedanken in der gleichen Richtung weiterführen, wird gleich die nächste Überlegung kommen: was ist denn eigentlich Holz, was ist Metall oder Kunststoff? Jetzt wird es schon schwieriger und der Griff zu einem Lexikon immer dringender.

Ihre eigenen Überlegungen oder die Ausführungen im Lexikon werden Ihnen sicher weiter helfen, wenn es darum geht, die verschiedenen Materialien, aus denen ein Tisch bestehen kann, gegeneinander abzugrenzen und zu unterscheiden. Aber Sie werden sehr rasch feststellen, daß diese Definitionen ihrem Wesen nach *Umschreibungen* sind, die Ihnen keine Auskunft darüber geben, was ein Tisch nun *wirklich* ist. Wir haben die endgültige Antwort auf unsere Frage noch nicht erhalten und müssen einen Schritt weitergehen.

Die nächste Definition könnte darin bestehen, daß wir sagen, der Tisch ist eine Anhäufung von Atomen. Mit dieser Antwort werden sich die meisten zufrieden geben, denn sind nicht schließlich Atome der letzte Baustein unserer Materie? Das sind die Atome zweifellos, aber nur insofern, als sie diese Funktion als letzte Bausteine der Materie erfüllen. Ihrem Wesen nach sind die Atome, wie uns die Physik informiert, Schwingungen und in diesen Schwingungen manifestiert sich letztlich das, was ein Tisch oder irgendein anderer Gegenstand nun wirklich ist, nämlich reine Energie. Vielleicht werfen Sie jetzt noch einmal einen Blick zurück auf den gerade gelesenen Abschnitt und beachten, wie oft das Wort »ist« vorgekommen ist und in welchem Zusammenhang. So haben wir gesagt, ein Tisch *ist* eine ebene Fläche mit vier Beinen. Wir sind dann weitergegangen, und haben festgestellt: er *ist* entweder aus Holz, Metall oder Kunststoff. Außerdem ist er eine Anhäufung von Atomen; Atome wiederum *sind* die Manifestation von reiner Energie. Soundso viel Mal haben wir das Wort »ist« gebraucht, aber jedesmal für einen anderen Aspekt dessen, was wir als Tisch bezeichnen. Wir haben es verwendet für die äußere Erscheinungsform des Tisches, dann für den Rohstoff, aus dem der Tisch gefertigt ist, ferner für die physikali-

15

schen Grundlagen dieses Rohstoffs, und ganz zuletzt haben wir festgestellt, der Tisch *ist* reine Energie. Hand aufs Herz, können Sie mit dieser Aussage etwas anfangen? Ich auch nicht. Den Kontakt zur Wirklichkeit des Tisches habe ich spätestens dort verloren, als die Aussage hieß: der Tisch ist eine Anhäufung von Atomen. Ich kann Atome ebensowenig sehen wie Sie. Vielleicht ist es mit Ach und Krach möglich oder wird einmal möglich sein, mit Hilfe von riesigen Elektronenmikroskopen einen etwas verschwommenen Blick auf Atome zu werfen, aber das, was hinter den Atomen ist, die reine Energie, wird meinen körperhaften Sinnen immer unzugänglich bleiben, zwar erfahrbar, aber als solche nicht sichtbar. Aus dieser Erfahrung kann ich die Schlußfolgerungen ziehen, daß ich gedanklich zwar soweit kommen kann, um die Wirklichkeit des Tisches zu wissen, aber nicht imstande bin, mit diesem Wissen direkt etwas anzufangen. Ich kann es nicht in meine alltägliche Praxis umsetzen, es bleibt abstrakt.

Mit den anderen Erscheinungsebenen des Tisches, mit seinem Bild, seiner äußeren Form und dem Material, aus dem er gefertigt ist, kann ich umgehen. Ich kann einen Tisch erkennen, wenn ich einen brauche, und ich weiß aus Erfahrung, daß ein Gegenstand in der Form eines Tisches eine feste Fläche hat, so daß ich mein Buch nicht auf einen Swimmingpool lege, dessen Oberfläche die gleichen Bedingungen erfüllt, wie die eines Tisches, nämlich, glatt und eben zu sein. Wirklichkeit ist also etwas, was ich zwar wissen, aber als diese gewußte Wirklichkeit nicht erfahren kann. Die Möglichkeiten indessen, die ich habe, um mit dieser Wirklichkeit umzugehen und sie zu erfassen, das ist für mich ihre *Realität*. Realität ist das Erscheinungsbild des Tisches. Realität ist der Rohstoff, aus dem er gefertigt ist. Und Realität ist ebenfalls die Art und Weise, wie ich diesen Tisch mit meinen Sinnen erfahre und wie ich ihn brauche und damit umgehe.

Ich kann es Ihnen nicht verdenken, daß Sie jetzt, nach dieser kleinen gedanklichen Gymnastik, etwas verwirrt sind, denn im täglichen Leben haben wir es uns längst abgewöhnt, zwischen Wirklichkeit und Realität zu trennen. Weil für uns allein die Realität maßgebend ist, beschäftigen wir uns auch nicht mehr mit der dahinter stehenden unzugänglichen Wirklichkeit. Die dargelegten Gedankengänge mögen Ihnen vielleicht etwas bizarr, überspitzt und neuartig vorkommen, aber es sind Überlegungen, die in der Geschichte der Menschheit seit altersher immer wieder gemacht wurden, und denen wir bei der intensiveren Beschäftigung mit verschiedenen esoterischen Traditionen immer wieder begegnen.

Ziehen wir als Beispiel dafür den Tarot heran. Es gibt Indizien, nach denen wir ohne weiteres annehmen dürfen, daß die Bilderwelt des Tarot mehrere tausend Jahre alt ist. Und wenn wir einen Blick auf das erste Tarotbild, genannt »Der Magier« werfen, dann begegnen wir hier auch wieder unserem Beispiel Tisch.

17

Hinter dem Tisch steht, den Menschen an sich repräsentierend, der Magier und blickt auf vier Gegenstände, die vor ihm auf dem Tisch aufgereiht sind. Es handelt sich dabei um einen knospenden Stab, um einen Kelch und ein Schwert und eine Münze, manchmal auch Scheibe (Pentakel) genannt. Wer die vorangegangenen Überlegungen sorgfältig mitvollzogen hat, dem wird nun ohne weiteres klar sein, was der Tisch bedeutet. Er ist das Erscheinungsbild, das Symbol unserer materiellen Welt schlechthin, ebenso wie wir sie als Realität erkennen und handhaben können. Um unsere Realität handhaben zu können, brauchen wir Werkzeuge, denn die Möglichkeiten unserer bloßen Hände sind dafür doch sehr begrenzt. So nennt man denn auch die vier Gegenstände, die sich auf der Tischfläche des Magiers befinden, die vier magischen *Werkzeuge*. Diese vier magischen Werkzeuge sind die bildhafte Realität von vier Möglichkeiten, die dem Menschen zur Verfügung stehen, um mit der materiellen Welt, in der er sich befindet, umzugehen. Diese vier Möglichkeiten werden in der Sprache der Esoterik als die vier Elemente Feuer, Wasser, Luft, Erde bezeichnet. Wobei diese Namen auch nur bildhafte Umschreibungen sind für etwas, das auf eine andere Weise nicht klar erfaßt werden kann.

Was es mit diesen vier Möglichkeiten auf sich hat, möchte ich an einem kurzen Beispiel erläutern. Statt die bildhaften Begriffe Feuer, Wasser, Luft, Erde, könnte man für die vier Elemente auch abstraktere Bezeichnungen wie Durchdringung, Fließen, Bewegung und Verfestigung gebrauchen. Damit wird ausgedrückt, wie diese vier Elemente in unserer materiellen Welt wirken. Nehmen wir einmal eine materielle Substanz, die uns allen bestens vertraut ist: das Wasser. Die normale Art und Weise, wie uns Wasser begegnet, ist sein flüssiger Zustand. Das Wort »flüssig« bedeutet, daß die Moleküle und dahinter die Atome dieses Rohstoffs eine bestimmte Schwingungsfrequenz haben. Die Art, wie wir diese erfahren, bringen wir wiederum mit dem Wort flüssig in Verbindung. Eine Veränderung der Temperatur des Stoffes bewirkt, daß sich für uns auch dessen Realität verändert, indem sich die Schwingungsfrequenz der Moleküle verändert. Sinkt die Temperatur, so kommt einmal der Moment, wo sich das Wasser zu Eis *verfestigt*. Im umgekehrten Fall, bei steigender Temperatur, erreicht das Wasser einen luftigen Zustand, das heißt, es wird zu Dampf und Dampf kann Maschinen in *Bewegung* setzen. Steigt die Temperatur noch höher, dann erreichen die Moleküle eine Schwingungsfrequenz, die bewirkt, daß sich das Wasser jener sinnlichen Wahrnehmung entzieht, die in seinem Zustand als Wasser, Eis oder Dampf noch gegeben ist. Jetzt existiert der Stoff Wasser nur noch in seinem unsichtbaren Zustand als Luftfeuchtigkeit, welche die gesamte Atmosphäre *durchdringt*.

Das vorangegangene Beispiel zeigt, daß die vier Elemente vier Erscheinungsformen *eines* Stoffes sind, die sich vollständig voneinander unterscheiden. Mit anderen Worten: die vier Elemente sind vier verschiedene Realitäten, durch die unsere materielle Ebene, auf der wir leben, erfaßt werden kann. Dies gilt sowohl aktiv wie passiv. Aktiv, indem wir die vier Elemente als die vier magischen Werkzeuge gebrauchen, durch die wir auf die materielle Ebene verändernd einwirken können und passiv, indem wir durch dieselben vier Elemente die Einwirkungen der materiellen Ebene an uns erfahren.

Die hier vorgestellten Überlegungen bilden das Grundthema jeglicher Esoterik, sowohl der westlichen wie der östlichen. Lediglich die Akzente werden in den verschiedenen Systemen anders gesetzt. Der Prototyp der westlichen Esoterik ist vorwiegend der Magier, das heißt, ihn interessiert vor allem, was man mit den verschiedenen Erscheinungsformen der Realität praktisch machen kann. (Das Wort Magier kommt vom persischen Wort *mag*, das kneten bedeutet). Der westlich orientierte Esoteriker hat sich grundsätzlich mit der Tatsache abgefunden, daß die hinter den Realitäten stehende Wirklichkeit nicht direkt erfaßt werden kann, und er zieht daraus die entsprechenden Konsequenzen. Diese Wirklichkeit hinter der Erscheinungsform der Realität ist aber gerade *das* große Thema der östlichen Esoterik.

Das Sanskritwort *Maya* spielt in der östlichen Esoterik eine große Rolle. Es ist abgeleitet aus der Sanskritwurzel Ma, welche die Bedeutung von messen, begrenzen hat. *Maya* legt also den Akzent darauf, daß unsere Wahrnehmungsfähigkeit begrenzt und daher letztlich Illusion ist. Das deutsche Wort Illusion wird denn auch zur Übersetzung von *Maya* herangezogen. Allerdings wird es dann oft in dem Sinne mißverstanden, daß die äußere, die materielle Ebene, nicht vorhanden sei. Das ist nicht so gemeint, sondern die äußere materielle Welt existiert, aber sie ist nicht so, wie wir sie sehen. In der Vedanta, den ältesten niedergeschriebenen brahmanischen Lehren, werden für *Maya* die folgenden Beispiele gegeben: Ein Mann sieht in der Abenddämmerung ein eingerolltes Tau auf dem Boden liegen und springt beiseite, weil er es für eine Schlange hält. Das Tau ist zwar da, aber keine Schlange. Das zweite Beispiel ist der gehörnte Hase. Der Hase hat keine Hörner, aber wenn man ihn abends sieht, stehen seine langen Ohren so vom Kopf ab, daß er für das beobachtende Auge wie ein Tier mit Hörnern aussieht. Er hat keine Hörner, aber in unserem Gehirn entsteht die Täuschung *(Maya)*, daß es sich um ein Tier mit Hörnern handelt.

Im Unterschied zur westlichen Esoterik ist die östliche nicht so sehr am »Machen« interessiert, da nicht ganz zu Unrecht befürchtet wird, daß aus einer illusionär wahrgenommenen Realität letztlich illusionäre, das heißt, in eine falsche Richtung führende Handlungen erwachsen. Wie in unserem Beispiel der Mann, der aus Schreck vor dem eingerollten Tau beiseite springt. Der östliche Esoteriker versucht vielmehr, der eigentlichen Wirklichkeit hinter den Realitäten mittels Meditation und Kontemplation so nahe wie möglich zu kommen. Die totale Erfassung dieser Wirklichkeit ist wohl auch das, was mit den Begriffen Erleuchtung oder Nirwana bezeichnet wird. Das bedeutet nun allerdings nicht, daß der westliche Esoteriker nicht auch an der hinter der Realität stehenden Wirklichkeit interessiert ist und auch nicht, daß der östliche Esoteriker die totale Untätigkeit anstrebt. In jedem esoterischen System sind beide Aspekte enthalten, aber es werden ihnen nicht der gleiche Stellenwert zugemessen.

Die bisher angeführten Beispiele sind alle in irgendeiner Weise mit der Materie verbunden. Aber man darf sich davon nicht zu der Schlußfolgerung verleiten lassen, daß die Problematik zwischen Wirklichkeit und Realität nur auf der materiellen Ebene und mit ihr verknüpft auftreten kann. Zum besseren Verständnis dessen, was damit gemeint ist, schlage ich folgendes Experiment vor: Wählen Sie aus den farbigen Bildtafeln dieses Buches eine beliebige aus, und betrachten Sie sie einige Minuten aufmerksam. Dann schließen Sie die Augen und versuchen, das betrachtete Bild vor ihrem »inneren Auge« neu zu bilden. Einigen wird das wahrscheinlich sehr leicht gelingen, andere werden damit mehr Mühe haben, aber das spielt für unseren Zweck keine Rolle. Auch wenn Sie keine vielfältigen Details auf diese Weise nachbilden können, sondern Ihnen vielleicht nur ein vager Umriß gelingt, so haben Sie doch ein Bild gestaltet. Das Bild, das Sie im Buch betrachtet haben, existiert auf einem Informationsträger, in diesem Falle Papier, das die Formen und Farben dieses Bildes absorbiert hat, und gleichzeitig nach außen so reflektiert, daß die Netzhaut unserer Augen diese Farben und Formen wahrnehmen kann. Was ist aber der Informationsträger unseres »inneren Bildes«? Mit dem Versuch, diese Frage zu beantworten, begeben wir uns in der Esoterik auf etwas schwankenden Grund. Denn nicht alle Quellen geben hier die gleiche Antwort. Für die einen ist dieses Bild ebenfalls mit einem Informationsträger verbunden, der allerdings aus einem so feinen Stoff besteht, daß er durch unsere körperlichen Sinne nicht mehr wahrgenommen werden kann. Für andere wiederum sind die Bilder an sich vorhanden, unabhängig von jedem Informationsträger, und gleichgültig ob der Mensch sie wahrnehmen kann oder nicht. In diesem Falle werden dann vielleicht statt Bild eher die Worte, Ideen oder Archetypen verwendet. Ohne auf irgendeine Art für die eine oder andere Ansicht Partei zu ergreifen, weil es Argumente und Gegenargumente für jede der beiden Ansichten gibt, möchte ich nur darauf hinweisen, daß in der Esoterik für die Bilder, die in unserer Vorstellung, in unserer Imagination entstehen, der Begriff *Astralebene* gebraucht wird. Dieser Begriff soll später noch näher erläutert werden, für den Moment genügt es, wenn man ihn einfach zur Kenntnis nimmt.

Kehren wir wieder zu unserem Beispiel »Tisch« zurück. Ich schlage Ihnen ein weiteres Experiment vor, das aber diesmal den umgekehrten Weg einschlägt. Richten Sie Ihren Blick auf einen Tisch, wobei es keine Rolle spielt, ob der Tisch, den Sie betrachten, etwas weiter von ihnen entfernt ist oder ob es sich dabei um den Tisch handelt, an dem Sie sitzen. Für unser Experiment ist es sogar von Vorteil, wenn Sie sich auf einen Tisch konzentrieren, der sich in einiger Distanz von Ihnen befindet. Es ist für Sie wahrscheinlich unmöglich, diesen Tisch mit ihren Augen zu erfassen, ohne daß dabei in ihren Gedanken sofort das Wort »Tisch« auftaucht. Sie entdecken, daß die Form, die Sie erfassen, aufs engste verknüpft ist mit einem bestimmten Wort. Ein Wort, das auf solch enge Weise mit einem bestimmten Objekt, Lebewesen oder Gegenstand, verknüpft ist, pflegen wir in unserem Sprachgebrauch mit dem Begriff »Name« zu bezeichnen. Das Wort »Tisch« ist also der Name, den Sie einem Bild geben, ganz unabhängig davon, ob es sich dabei um den Gegenstand selbst oder um eine Abbildung davon handelt, denn auf der Netzhaut Ihres Auges wird letztlich alles zum Bild. Es wird Ihnen auch ohne weiteres einleuchten, wie wichtig es ist, das richtige Bild mit dem richtigen Namen zu verbinden, denn von dieser Verbindung hängt es ab, ob Sie den Gegenstand in der richtigen Weise handhaben können. Wenn Sie sagen, ich werde morgen auf meinem Auto frühstücken, so läßt sich das zwar zur Not noch bewerkstelligen, wenn auch sehr unbequem und für außenstehende Betrachter vielleicht etwas bizarr. Aber der Satz »Ich werde morgen mit dem Tisch nach Berlin fahren« ist in den Grenzen unserer menschlichen Möglichkeiten materiell nicht realisierbar. Die richtige Verbindung eines Bildes mit dem dazugehörigen Namen, der gewährleistet, daß wir den betreffenden Gegenstand, das heißt seine bildhafte Erscheinung, auch in der richtigen Weise handhaben, geschieht für die meisten unter uns so selbstverständlich und automatisch, daß wir uns gar keine weiteren Gedanken darüber machen. Das bedeutet, unsere diesbezügliche Handlungsweise kommt aus dem Unbewußten und ist daher weitgehend den Automatismen und Mechanismen dieses Unbewußten ausgeliefert.

Kaum jemand legt sich Rechenschaft darüber ab, daß die richtige Verbindung von Bild und Name und die daraus abgeleitete Aktion, aus welcher sich das entsprechende Resultat herleitet, bereits die Grundelemente praktischer Magie sind. Diese Tatsache wurde übrigens als ein Geheimnis von den alten Mysterien

23

gehütet, die den Mysten bei der Einweihung darüber aufklärten, daß letztlich alles Bild und Name ist. Dieses Geheimnis verbirgt sich auch hinter dem zweiten und dritten der zehn Gebote, die Moses dem Volk Israel in der Wüste gab: »Du sollst Dir kein Bildnis noch irgendein Gleichnis machen, weder des, das oben im Himmel, noch des, was unten auf Erden oder des, was im Wasser unter der Erde ist« und »Du sollst den Namen des Herrn, Deines Gottes, nicht mißbrauchen«.

Aus all dem Gesagten können wir die Schlußfolgerung ziehen, daß Bilder dem Bereich der Realität zuzuordnen sind, und da die jeweilige Realität nicht mit der Wirklichkeit übereinstimmt, können wir die Bilder als Hilfsmittel betrachten, die uns dazu dienen, die dahinterstehende Wirklichkeit so weit als möglich zu erfassen. Es ist deshalb notwendig, daß wir uns noch näher mit dem Wesen solcher Bilder auseinandersetzen.

Jedes Bild, auch das komplizierteste, besteht aus verschiedenen durch unser Auge wahrgenommenen Elementen, die wie Bausteine zu einem Ganzen zusammengefügt sind. Im folgenden möchte ich Ihnen drei solche möglichen Bausteine zeigen: ein Punkt, eine gerade Linie und eine krumme Linie.

Diese drei Bausteine können wir auf verschiedene Weise zusammensetzen und es ergeben sich aus diesen verschiedenen Kombinationen auch entsprechend verschiedene Bilder. So kann ich zum Beispiel die beiden krummen Linien einander reflektierend zu einem Kreis verbinden.

Daraus ergibt sich eine geometrische Figur, die wir mit dem Namen Kreis bezeichnen. Diesen Kreis kann ich mit den anderen Elementen ausbauen, zum Beispiel indem ich den Punkt verdopple und die gerade Linie je in einen rechten Winkel zueinander setze.

Aus dieser Kombination unserer Bausteine ergibt sich ein Bild, ein primitives zwar, aber immerhin ein Bild, das wir mit dem Namen »Gesicht« bezeichnen können. Auch dieses Bild eines Gesichtes können wir, nur unter Zuhilfenahme unserer drei Bausteine, noch weiter modifizieren. So können wir die gerade Linie, die den Mund bildet, ersetzen durch eine krumme Linie mit der Biegung nach unten.

Auch das Umgekehrte ist möglich, wir können die gerade Linie durch die krumme Linie ersetzen, diesmal aber mit der Biegung nach oben. Beide Male entsteht ein Bild, das eine jeweils andere Aussage enthält.

Der Leser möge nun als Übung versuchen, diesen beiden Gesichtern, die je eine andere Mundstellung haben, entsprechende Namen zuzuordnen. Es gibt die verschiedensten Möglichkeiten dies zu tun und ich möchte den Leser ermuntern, einmal möglichst viele dieser Möglichkeiten herauszufinden und auf ein Blatt Papier zu notieren. Das können Ausdrücke wie Lachen, Weinen, Freude, Trübsal und so weiter sein. Mit etwas Phantasie läßt sich eine respektable Liste möglicher Namen zusammenstellen. Jeder dieser Namen wird dem Leser in ganz bestimmter Weise einen Eindruck vermitteln, der ihm etwas sagt über die hinter dem Bild stehende Wirklichkeit.

Der nächste Schritt würde dann darin bestehen, aus dieser Liste möglicher Namen alle die Namen auszusondern, von denen der Leser den Eindruck hat, daß sie vorwiegend ihm selbst eine Aussage vermitteln, aber andere Menschen dabei nicht unbedingt die gleichen Assoziationen haben. Wer will, kann ja dieses Experiment noch ausbauen, indem er die beiden gegensätzlichen Bilder des Gesichtes Bekannten und Freunden vorlegt mit der Frage: Welche Ausdrücke (das heißt Namen) fallen dir dazu ein? Möglicherweise werden dann neue Namen ins Spiel gebracht, an die der Leser bisher nicht gedacht hat oder die ihm vielleicht nichts sagen. Andererseits wird er möglicherweise auch die Erfahrung machen, daß seine Freunde und Bekannten mit Ausdrücken, die ihm etwas bedeuten, nichts anfangen können. Alle diese Namensbezeichnungen, die nicht auf eine breite Resonanz und ein allgemeines Einverständnis stoßen, werden auf der Liste gestrichen. Was zurückbleibt sind dann Namen, die eine gewisse Allgemeingültigkeit besitzen, weil sie von einer möglichst großen Anzahl Menschen als zum betreffenden Bild passend akzeptiert werden können. Man wird höchstwahrscheinlich die Erfahrung machen, daß, je weiter dieser Eliminationsprozeß fortschreitet, die übrigbleibenden Namen immer umfassender, aber gleichzeitig auch unbestimmter werden. Es kann durchaus sein, daß am Schluß dieses Prozesses nur je ein Begriff pro Bild übrigbleibt, der das charakteristische Wesen des jeweiligen Bildes präzis erfaßt, aber gleichzeitig auch alle anderen bereits eliminierten Namen in sich enthält.

Das eben geschilderte Experiment stellt modellhaft und stark vereinfacht und verkürzt die Entstehung von etwas dar, dem wir die Bezeichnung »Archetyp« geben; in diesem Fall zwei primitive Archetypen, den der Freude und den der Trauer. Mit diesem Begriff wird das ursprüngliche »Modell« bezeichnet, nach welchem irgendetwas geschaffen ist, und das die zwei Komponenten Bild und Name aufweist. Das Wort Archetyp kommt aus der griechischen Sprache und bedeutet: Urschrift, Erstdruck. Um des besseren Verständnisses willen, wie der Prozeß der Realitätsbildung zur Erfassung der Wirklichkeit abläuft, wurde bewußt ein primitives Beispiel gewählt, das sich auf dem Niveau einer Kinderzeichnung bewegt. In Wirklichkeit läuft dieser Prozeß natürlich viel differenzierter und damit auch komplizierter ab, ohne daß wir uns dessen bewußt sind. Diese Differenziertheit soll an einem weiteren Beispiel erläutert werden.

Stellen Sie sich einmal vor, Sie sitzen im Kino und betrachten einen Film. Stellen Sie sich dabei einmal die Frage, was sehe ich? Bei den meisten Menschen, die ja die vorhergehenden Überlegungen nicht mitvollzogen haben –, kommt üblicherweise die Antwort: Ich sehe ein Haus, einen Baum, einen Cowboy oder den Filmschauspieler XY. Nun gibt es natürlich niemanden, der mit einer solchen Antwort meint, daß der Filmschauspieler XY höchstpersönlich auf der Leinwand herumspaziert. Aber in Verbindung mit dem Begriff »Film« oder »Kino« hat sich diese Sprachbezeichnung eingebürgert. Hat jemand jedoch eine Party besucht und erzählt nun, er habe den Schauspieler XY getroffen, so weiß man, daß der Schauspieler selbst dort war. Niemand käme darauf, es könne sich hier nur um ein Bild handeln. Der Begriff »Party« läßt uns den richtigen Schluß ziehen. Der Umstand, daß dieselbe sprachliche Äußerung in Verbindung mit einer jeweils anderen Situation, die durch einen Begriff gekennzeichnet ist (in unserem Falle mit »Film/Kino« und »Party«), verschieden verstanden wird, ist für das Thema »Engel« sehr wichtig. Wir werden uns noch öfter dieses Umstandes erinnern.

Kehren wir wieder zu unserem Beispiel »Kino« zurück und zur Frage: was sehen wir auf der Leinwand? Mit unserer Antwort zeigen wir, daß wir schon etwas gelernt haben. Sie könnte lauten: Ich sehe das Bild eines Hauses, eines Baums, eines Cowboys oder des Filmschauspielers XY. Aber wenn wir etwas gründlicher über diese Antwort nachdenken, dann werden uns doch bald einmal Zweifel kommen. Ist es wirklich das, was unsere Augen auf der Leinwand sehen und wenn nein, was erblicken sie dann wirklich dort? Was die Augen auf der Leinwand tatsächlich wahrnehmen, ist ein ständiges Wechselspiel von Formen und Farben, nicht unähnlich dem Kaleidoskop, dem Spielzeug in unseren Kindertagen. Aber Bilder, so wie wir das Wort »Bild« verstehen, sind dort nicht zu sehen. Das Bild entsteht anderswo, nämlich in unserem Gehirn.

Man kann das menschliche Gehirn neben vielen anderen Aspekten auch unter dem Aspekt eines gigantischen Speichers betrachten. Von seinen ersten Lebenstagen an nimmt der Mensch durch seine Sinne und vor allem durch die Augen ständig Eindrücke wahr, die er als Erfahrungsschatz in seinem Gehirn abspeichert. Jeder neue sinnliche Eindruck wird sofort in Blitzesschnelle mit den bereits gespeicherten daraufhin verglichen, ob irgendeine Kongruenz oder sonstige Gleichheit und Ähnlichkeit mit dem neuen Sinneseindruck bereits vorhanden ist. Da manche auf diese Weise erfahrenen Dinge unter sich eine große Ähnlichkeit in den Bildern aufweisen, zum Beispiel ein Fußball und eine Melone, so müssen diese Bilder auch mit verschiedenen Namen belegt werden. Man weiß dann, daß man mit einem Ball fußballspielen kann, aber daß es nicht bekömmlich ist, ihn aufzuessen und daß es sich, wenn man eine Melone hat, gerade umgekehrt verhält. Obgleich Ball und Melone für das Auge annähernd die gleiche Form haben, macht uns der Name auf die Unterschiede aufmerksam, die für den richtigen Gebrauch des auf unserer Netzhaut abgebildeten Gegenstandes wichtig sind. Auch Namen können mehr oder weniger differenziert sein. So kann ich dem Bild des Schauspielers XY auf der Leinwand oder dem Bildschirm ohne weiteres den Namen »Mensch« zuordnen, ich kann sogar noch weiter differenzieren und sagen, daß es sich um einen Mann oder eine Frau handelt, den Namen Mensch also um die beiden Attribute »männlich« und »weiblich« erweitern, aber den Namen XY kann ich ihm erst dann geben, wenn mir eine diesbezügliche Erfahrung zur Verfügung steht. So kann ich etwa in einer Zeitschrift sein Bild gesehen und dem Begleittext entnommen haben, daß es sich bei dem abgebildeten Menschen um den Filmschauspieler XY handelt. Damit ist das Erscheinungsbild eines Menschen endgültig und unverwechselbar definiert.

Stellen wir uns irgendein außerirdisches Wesen vor, das von einem Planeten stammt, der mit unserer Erde zwar die Materie als Basis gemeinsam hat, aber auf dem sich diese Materie zu ganz anderen Formen entwickelt hat, als auf unserem Planeten. Stellen wir uns weiter vor, wir würden diesem Wesen einen Film vorführen, um es über Gegebenheiten unseres Planeten Erde zu informieren. Dies dürfte sich als unmöglich erweisen, denn das Wesen würde auf der Leinwand oder dem Bildschirm nichts anderes wahrnehmen, als ein buntes

Lichterspiel, das für ihn keinen Sinn ergibt, einfach aus dem Grunde, weil in seinem Gehirn die entsprechend gespeicherten Formvorlagen fehlen, die es ihm ermöglichen, das Gesehene entsprechend einzuordnen und zu verstehen. Aus diesem Beispiel können wir ersehen, daß nicht nur etwas, das wir auf der Netzhaut unseres Auges erblicken, in unserem Gehirn als Bild vorhanden sein muß, sondern daß umgekehrt wir Menschen dazu gezwungen sind, etwas, das uns zunächst völlig unverständlich erscheint, mit jenen Bildern in unserem gespeicherten Erfahrungsschatz zu verknüpfen, die mit dem wahrgenommenen am meisten übereinstimmen. Das ist die Begründung für das Gesetz »alles im Kosmos ist reine Energie, aber der Mensch ist nicht fähig mit reiner Energie umzugehen, es sei denn, er kleidet sie in Bilder«. So wird alles letztlich zu Bild und Name.

Sie haben sich vielleicht längst gefragt, was denn das mit Engeln zu tun hat? Meine Antwort lautet: alles. Engel sind die Bilder, in die der Mensch die als Wirklichkeit erfahrenen kosmischen Kräfte kleidet und die er mit einem Namen verknüpft. Bild und Name zusammengenommen repräsentieren denn auch eine ganz spezifische Art dieser kosmischen Energie. Der Begriff Engel steht für kosmische Energie. Der Name sagt aus, in welcher Art und Weise diese kosmische Energie wirkt, das heißt, vom Menschen erfahren wird.

Wir wollen nun diesen Prozeß der Ein-Bildung kosmischer Energien in die Gestalt und Erscheinung von Engeln ebenfalls an einem Beispiel erläutern. Das Bild eines Engels ist sicher allen bereits von der frühesten Kinderzeit her vertraut. Sobald wir das Wort Engel hören, denken wir unwillkürlich an eine große Gestalt in einem langen, nachthemdartigen Gewand, die meist ein ziemlich geschlechtsloses Gesicht hat und der aus der Stelle, wo sich die Schulterblätter befinden, mächtige geschweifte Flügel wachsen. Dies ist das archetypische Bild, das sich im westlichen Kulturkreis als hand-

30

habbare Form kosmischer oder göttlicher Kräfte aus-
gebildet hat. Das soll nicht heißen, daß nicht auch
andere Kulturkreise über Bilder verfügen, die kos-
misch-göttliche Kräfte zum Ausdruck bringen. Diese
Bilder sind aber meist anders gestaltet und auch mit
anderen Namen verbunden. Das soeben beschriebene
Bild verknüpfen wir automatisch mit dem Namen Engel. Dieses deutsche Wort Engel wurde in einer etwas
veränderten Form aus der griechischen Sprache über-
nommen und zwar vom Wort »angelos«, das wörtlich
übersetzt »Bote« heißt. Auch andere Sprachen des
westlichen Kulturkreises haben für ihre Bezeichnung
des Engels auf die griechische Sprache zurückgegriffen
(zum Beispiel: französisch »ange«, englisch »angel«).
Mit dem Namen Engel wird zum Ausdruck gebracht,
daß Engel nicht nur einfach bildhafte Darstellungen
göttlich-kosmischer Energien sind, sondern daß ihnen
auch eine bestimmte Funktion übertragen ist, und das
bedeutet, daß diese göttlich-kosmischen Kräfte auf unserer Ebene wirksam sind. Engel sind also Wesen, die
den Menschen als Boten den Willen Gottes überbrin-
gen oder umgekehrt, die Bitten der Menschen zu Gott
tragen. Schon die Existenz der Engel und die Bedeutung, die ihnen der Mensch beimißt, zeigt, daß die
Kommunikation mit dem Göttlichen seit jeher als
schwierig empfunden wurde, zumindest als etwas, das
nicht ohne einen Vermittler stattfinden kann. Diese
von unseren Vorfahren als eine Notwendigkeit angenommene Vermittlung hat denn auch zur Bildung der
uns vertrauten Gestalt des Engels geführt.

Wenn in früheren Zeiten (und ich nehme an, daß es
auch heute noch oft der Fall ist), ein kleines Kind die
Mutter fragte, wo wohnt Gott, so wurde ihm mit ziem-
licher Sicherheit geantwortet: im Himmel. Damit
konnte sich das kleine Kind früher zufrieden geben und
diese Antwort sogar mit in das Erwachsenenleben tragen. Heute ist das nicht mehr so einfach. Stellen wir

uns einmal vor, das kleine Kind reist mit seinen Eltern per Flugzeug in den Urlaub. Wenn es sich um ein aufgewecktes und intelligentes Kind handelt, besteht durchaus die Möglichkeit, daß mitten im Flug plötzlich die Frage kommt: Wir sind jetzt im Himmel, ich kann Gott nicht sehen, wo ist er denn? Das ist sicher ein Moment, in dem die Mutter sehr gefordert ist. Das Kind hat die Antwort der Mutter wörtlich aufgefaßt und richtet sich nun auch danach. Aber wir alle wissen, daß dieses Kind selbst auf einem Interkontinentalflug Gott nicht sehen könnte, ja, selbst wenn das Kind später ein Astronaut wird und in die Tiefen des Weltraums vorstößt – mag sein, sogar Lichtjahre weit – es würde Gott niemals durch das Fenster seines Raumschiffes erblicken können. Wie also kam diese alte, traditionelle Feststellung »Gott ist im Himmel« zustande? Wenn wir ein modernes Großraumflugzeug besteigen oder am Bildschirm den Start einer Weltraumrakete verfolgen, so geben wir uns meist keine Rechenschaft darüber ab, daß es noch gar nicht so lange her ist, seit der Mensch fliegen gelernt hat. Die ersten gelungenen Versuche fanden vor ungefähr zweihundert Jahren zur Zeit der Französischen Revolution statt. Erst da hat der Mensch überhaupt die Möglichkeit entdeckt, sich mit Heißluftballons vom Erdboden abzuheben. Und es ist noch kein Jahrhundert vergangen, seit im Jahre 1903 die Gebrüder Wright ihre ersten Hüpfversuche mit motorbetriebenen Fluggeräten anstellten. Bis zu diesem Zeitpunkt war es für den Menschen vollkommen unmöglich, zu fliegen. Das galt sowohl technisch als auch seine Vorstellungskraft betreffend.

Die Luft galt dem Menschen also Jahrtausende lang als eine Dimension, die er aus eigener Kraft nicht erreichen konnte. Und wenn man sagte »Gott ist im Himmel«, so drückte man damit aus, daß Gott sich in einer Dimension befindet, die vom Menschen aus eigener

Anstrengung nicht erreicht werden kann. Das bedeutet, es ist keine direkte Verbindung zwischen dem Göttlichen und dem Menschlichen möglich – wenigstens nicht von seiten des Menschen.

Gleichzeitig beobachtete aber der Mensch, daß es Lebewesen gibt, die von der Natur mit Flügeln ausgestattet waren und sich dadurch in der Luft bewegen konnten. Aus dieser Beobachtung leitete der Mensch die Schlußfolgerung ab: alle Lebewesen, die fliegen können, haben Flügel, also braucht es Flügel, um fliegen zu können und damit Zugang zum Himmel zu erhalten. Ein Vermittler, ein Medium zwischen dem Göttlichen und dem Menschlichen mußte also in der bildhaften Vorstellung unbedingt über Flügel verfügen, um an den Ort Gottes »im Himmel« zu gelangen und von dort aus wieder in die Welt der Menschen zurückzukehren. Dazu braucht es nun nicht unbedingt das Vorstellungsbild eines Engels, sondern gewisse Vögel, von denen der Mensch wußte, daß sie die Fähigkeit haben, sehr hoch zu fliegen, konnten diese Funktion des göttlichen Boten sehr wohl erfüllen. Und in der Tat erfüllen in manchen frühen schamanistischen Traditionen Vögel wie etwa der Adler oder der Falke eine solche Rolle. Nun müssen wir allerdings bedenken, daß unsere Kultur von einer anderen Tradition, die sehr viel später entstanden ist als die schamanistische, geprägt ist. In der Entstehungszeit dieser Tradition muß es bereits zum Bruch zwischen dem Menschen und der ihn umgebenden Natur gekommen sein. Wir können nach gewissen geschichtlichen Berichten vermuten, daß dies ungefähr zweitausend Jahre vor unserer Zeitrechnung der Fall gewesen sein könnte, als die Schamanen Zentralasiens das Monopol ihrer bildhaften Zeichen und Visionen aufgaben und daran gingen, ihr Wissen mittels der Wortsprache zu formulieren und auszudrücken. Sobald sich der Mensch allgemein der Wortsprache zur Kommunikation bediente, mußte

33

ihm auch klar werden, daß es auf diese Weise keine Verständigung zwischen Tier und Mensch mehr geben konnte. Vögel konnten also nicht mehr zur Kommunikation zwischen dem Göttlichen und dem Menschlichen verwendet werden, sondern die Bilder der »Boten« mußten mehr und mehr in Richtung des menschlichen Erscheinungsbildes umgestaltet werden.

Diese Entwicklung kann in gewisser Weise als die Geburtsstunde der westlichen religiösen Überlieferung betrachtet werden, während die alte, naturverbundene schamanistische Tradition bei anderen Völkern, zum Beispiel den Indianern Amerikas, weiterlebte und gepflegt wurde. Nur ein Mensch konnte mit einem anderen Menschen mittels Worten kommunizieren und deshalb mußten die Boten des Göttlichen eine menschliche Gestalt haben, aber gleichzeitig mußte auch klargestellt werden, daß diese menschliche Gestalt aus der göttlichen Dimension und das heißt in diesem Falle auch vom Himmel kommt und zu diesem Zwecke wurde sie mit Flügeln versehen. Der göttliche Bote, der »angelos«, ist ein Wesen, das schon durch sein Erscheinungsbild klar macht, daß es zu beiden unterschiedlichen Dimensionen Zugang hat, zur göttlichen und auch zur menschlichen. Auf diese Weise ist wohl das noch heute bekannte und gebrauchte Bild des Engels entstanden, ein vom Menschen geschaffenes Bild, um die sonst nicht zugängliche Wirklichkeit der göttlichen kosmischen Kräfte darzustellen und mit ihnen auf eine menschlich faßbare Weise umzugehen.

Die geflügelte menschliche Figur begegnet uns übrigens auch in anderen spirituellen Traditionen als der jüdisch-christlichen. So hat der griechische Gott Hermes, der bei den Römern Merkur heißt, geflügelte Füße und einen geflügelten Helm. Seine göttliche Funktion ist die eines »angelos«, eines Boten, der die Verbindung zwischen der Welt der Götter und der Welt der Menschen herstellt.

Von der Ordnung
und Hierarchie der Engel

In der Vergleichenden Religionsgeschichte fällt auf, daß Engel nur innerhalb ganz bestimmter religiöser Systeme vorkommen. Es sind dies die monotheistischen Religionen Judentum, Christentum, Islam, deren verbindende Gemeinsamkeit ist, daß sie sich zum biblischen »Ich bin der Herr, Dein Gott und Du sollst keine andern Götter neben mir haben« bekennen. Zwar gibt es auch in anderen religiösen Systemen, die mehrere Götter kennen, Geistwesen, die sich deutlich von den Göttern abheben, aber sie sind in keinem Fall mit den in den monotheistischen Systemen vorkommenden Engeln zu vergleichen. In manchen östlichen Religionen kommen zwar die sogenannten Devas an unsere Engel heran. Der Sanskritname Deva bedeutet »himmlische Wesen« und es gibt ebenfalls verschiedene Klassen und Ordnungen dieser Devas, aber ihrem Wesen nach unterscheiden sie sich doch grundsätzlich von dem, was wir unter Engel verstehen.

Bereits im vorhergehenden Kapitel wurde darauf hingewiesen, daß das Wort Engel vom griechischen »angelos« herkommt und Bote oder Gesandter bedeutet. In der antiken Welt, aus der dieses Wort stammt, hatten Boten eine ganz andere Bedeutung als heutzutage. Im Gegensatz zur heutigen Zeit mit ihrem vielfältigen Angebot an technischen Medien, waren in der alten Zeit menschliche Boten die einzige Möglichkeit, Informationen über eine größere Distanz zu übermitteln. Wenn wir in historischen Atlanten die Landkarten der antiken Großreiche betrachten und wir dabei überlegen, unter welchen Voraussetzungen solche

Großreiche, wie es sie in der heutigen Zeit praktisch nicht mehr gibt oder bald nicht mehr geben wird, meist von *einem* Zentrum aus regiert und verwaltet wurden, so kann man sich der Bewunderung und Hochachtung vor solcher Leistung nicht verschließen. In diesen praktisch immer monarchisch geprägten Gesellschaftsstrukturen der alten Zeit mußten »angeloi« eben Boten, Gesandte, eine wichtige Funktion und Rolle wahrnehmen, weil sie die einzigen waren, die den zentralen Willen des Monarchen oder Herrschers bis in die entferntesten Gebiete seines Reichs tragen konnten. Sie mußten also auf recht beschwerliche Art und Weise das gleiche tun, was heute ein Telefonanruf oder ein Fax in Sekundenschnelle erledigen. Es ist anzunehmen, daß diese weltlichen politischen »angeloi« bei den Untertanen eines Reiches im höchsten Ansehen standen, denn sie repräsentierten in ihrer Person ja die zentrale Regierungsgewalt, den König, die Autorität schlechthin. Ja, wir können davon ausgehen, daß sie der Bevölkerung den Willen des Königs nicht nur kundtaten, sondern, daß sie in gewissen Fällen diesen Willen auch eigenhändig und in Stellvertretung des Königs durchsetzten. Es darf angenommen werden, daß sich dadurch bei den antiken Menschen eine hierarchische Struktur der politischen Ordnung und Gewalt herausbildete, die sich im Unbewußten der damaligen Menschen archetypisch manifestierte.

Wenn man sich damals von der göttlichen Welt eine Vorstellung machen wollte, lag es nahe, sich dieser archetypischen politischen Struktur als Modell zu bedienen; gemäß dem Gesetz, daß der Mensch mit der göttlichen Energie nur umgehen kann, wenn er sie in Bilder kleidet. So betrachtet ist es leicht zu verstehen, daß in den monotheistischen Religionen, dem Judentum, dem Christentum und dem Islam, Engel eine besonders herausragende Rolle spielen. Wie wir bereits gesehen haben, ist Gott für den Menschen in der

Transzendenz unerreichbar, genauso unerreichbar wie der Kaiser von Rom für einen Bewohner der Südostküste des Schwarzen Meeres unerreichbar gewesen sein muß, so daß sich der einzige mögliche Kontakt eben auf den »angelos« beschränkte. So kann man gut nachvollziehen, warum die irdische politische Struktur dazu herangezogen wurde, um die Transzendenz, die geistige Welt, dem damaligen Menschen bildhaft vorstellbar zu machen.

Dies zeigt sich vor allem in der jüdischen Religion am deutlichsten, die ja von den drei großen monotheistischen Religionen, in denen – wie bereits erwähnt – Engel eine wichtige Rolle spielen, die älteste ist. Engel werden hier mit dem hebräischen Wort »malachim« bezeichnet, was ebenfalls mit Boten oder Gesandte übersetzt werden kann. Nun hat aber der Begriff »malachim« in der hebräischen Sprache außerdem noch die Bedeutung, daß die Kraft oder die Energie, die durch den Boten repräsentiert wird, von *einem* Zentrum ausgeht.

In der Vergleichenden Religionsgeschichte fällt auf, daß monotheistische Religionen die Minderheit bilden. Der größte Teil der Menschheit stellt sich das Göttliche polytheistisch vor; das bedeutet, daß es sich in der Erscheinung vieler voneinander verschiedenen Göttern äußert. Wenn man nun nach dem Ursprung dieser erwähnten monotheistischen Religionen (Judentum, Christentum, Islam) forscht, dann wird man seltsamerweise auf das ägyptische Religionssystem stoßen, dessen Eigenart ja gerade ein ausgeprägter und höchst differenzierter Polytheismus ist. Kaum eine andere Religion kennt so viele, bis ins einzelne ausgeklügelte und detailliert beschriebene Götter oder besser gesagt Gottformen, wie die alte ägyptische Religion. Und ausgerechnet Ägypten mit seinen vielen, vielen Göttern soll die Mutter der monotheistischen Religionen sein? Dies zu glauben fällt nicht leicht.

Die ägyptische Religion war eine Mysterienreligion. Das bedeutet, daß sie klar getrennt war in eine exoterische Seite, das heißt, eine Seite, die nach außen hin dem Volk gegeben wurde und einer esoterischen Seite, die nur wenigen offenbart wurde und von einer kleinen Anzahl Eingeweihter sorgfältig vor der Öffentlichkeit verborgen wurde. Zwar wissen wir heute wenig von all dem, was Teil dieser Mysterien war, weil der Zugang zu diesen Mysterien immer mit einem Schweigegelübde verbunden war. Aber eines läßt sich rekonstruieren, die Mysterien lehrten und vertraten die *Einheit des Göttlichen*: »Alle Göttinnen und Götter sind ein Gott.« Jeder einzelne der vielen Göttinnen und Götter bildet also nur einen Teilaspekt, eine begrenzte Ausdrucksform des einen großen Gottes oder Göttlichen. Dieses Mysterienwissen wurde sorgfältig vor der Profanierung gehütet und es wurde alles daran gesetzt, daß es nicht zur Kenntnis von Menschen gelangte, die nicht zuvor eine entsprechende sorgfältige Mysterienschulung durchlaufen hatten. Als der ägyptische Pharao Echnaton im dreizehnten Jahrhundert vor unserer Zeitrechnung dieses Geheimwissen um den einen Gott nach außen bringen wollte und kraft seiner königlichen Macht als exoterische Religion in Form der Verehrung der Sonne durchsetzte, stieß er auf den erbitterten Widerstand der Priester. Die monotheistische Periode der ägyptischen Religion blieb denn auch nur eine kurze Episode und hat Echnatons Regierungszeit nicht überdauert. Sofort nach seinem Tode hat sein Nachfolger, der wahrscheinlich heute berühmteste ägyptische Pharao Tut-anch-Amun die alte polytheistische Religion wieder eingeführt. Es fällt aus der heutigen Sicht nicht leicht, auf Anhieb nachzuvollziehen, was denn die ägyptische Priesterschaft, die ganz gewiß nicht dumm war und in manchen Belangen über vertieftere Einsichten verfügte als wir heutzutage, bewogen haben könnte, dem Monotheismus einen so erbitterten Kampf anzusagen.

Es ist nicht allgemein bekannt, daß es für die Verehrung eines einzigen Gottes zwei Begriffe gibt, die auch für zwei verschiedene Arten dieser Gottesverehrung stehen. *Monotheismus* bedeutet die Verehrung eines einzigen Gottes unter Ableugnung aller anderen Gottheiten. Eine Ableugnung, die in der Regel zu einer eifrigen und eifernden Bekämpfung aller anderen Gottheiten führt. Andererseits kann man sich auch der Anbetung und Verehrung eines einzigen Gottes hingeben, ohne andere Gottheiten oder Gottformen abzulehnen oder ihre Existenz zu leugnen. Man verehrt *einen Gott*, unter Akzeptierung, daß es auch andere Götter gibt, weil dieser eine Gott die persönlichen Bedürfnisse am besten oder gar allein zu erfüllen imstande ist. Diese Art der Verehrung eines einzigen Gottes nennt man *Henotheismus*. Daraus geht klar hervor, daß dem Henotheismus eine Toleranz und Weitsichtigkeit zu eigen ist, die dem Monotheismus, der keine fremden Götter neben sich duldet, vollständig fehlt. Monotheistische Religionen sind also aus sich heraus Religionen, die als Auswirkung ihrer Intoleranz zur Gewalttätigkeit allen anderen Religionen und den damit verbundenen Kulturen gegenüber neigen. Daß sie gewissermaßen als Nebenprodukt die soziale Ordnung des Patriarchats hervorbringen und verteidigen, erscheint damit auch selbstverständlich. Denn ein allein herrschender Gott, der niemandem Rechenschaft schuldig ist, kennt nur gehorsame Untergebene, deren höchste Tugend bedingungslose Hingabe sein soll. Man merkt, daß gewisse Themen, die heute im Rahmen der christlichen Kirchen, des Islams und des Judentums in Erscheinung treten, eine absolut logische Entwicklung und Folge dieses monotheistischen Systems sind.

Im Alten Testament der Bibel (2. Mose) wird uns in

anschaulicher Weise erzählt, wie es zur Bildung des Monotheismus kam. Nach diesem biblischen Bericht war das Volk Israel in Ägypten von seinem ursprünglichen Gott entfernt und führte ein Sklavendasein. Ein Angehöriger dieses unterdrückten Volkes Israel, mit Namen Moses (der Name Moses ist bezeichnenderweise ägyptisch), der am Hofe der Tochter des Pharaos seine Erziehung erhalten hatte, die ganz bestimmt auch die Einweihung in die ägyptischen Mysterien umfaßte, machte sich zum politischen Führer des Volkes Israel und es gelang ihm, nach Überwindung von mancherlei Hindernissen, dieses Volk aus Ägypten hinauszuführen. Nachdem das Volk Israel einmal außerhalb seiner gewohnten Umgebung war, mußte es sich an ganz andere Lebensbedingungen gewöhnen, als sie in Ägypten herrschten. Moses sah sich dadurch mit der Aufgabe konfrontiert, diesem seit Generationen versklavten Volk, das keinerlei Selbstbewußtsein hatte, eine eigene kulturelle Identität zu geben. Kulturelle Identität hieß aber damals stets auch religiöse Identität. Da sich die Israeliten in den Beschwernissen der jahrelangen Wüstenwanderungen immer wieder nach den »Fleischtöpfen Ägyptens« sehnten, das heißt, nach den trotz aller Widrigkeiten materiellen Bequemlichkeiten des Sklavendaseins, mußte dies ein Religionssystem sein, das sich klar vom ägyptischen exoterischen Religionssystem abhob. Diese Unterscheidung und Abgrenzung scheint Moses offenbar dadurch geschaffen zu haben, daß er einfach die ihm als Eingeweihten bekannte esoterische Seite der ägyptischen Religion zur exoterischen Seite der jüdischen Religion machte. Fortan gab es also für das Volk Israel nicht mehr die vielen Götter, die sie bisher kannten, sondern nur noch den einen Gott, den Einzigen, der keine andern Götter neben sich duldete. Damit erreichte Moses sein Ziel, dem Volk Israel eine eigene kulturelle religiöse Identität zu geben und wie effektiv sein Unternehmen war und wie stark sich diese Identität auswirkte, das zeigt sich bis in unsere Gegenwart hinein.

Wir müssen uns freilich davor hüten, die Berichte und Erzählungen von Moses als de facto so geschehene Tatsachen, als Geschichtsschreibung in unserem Sinne zu betrachten. Auch die biblischen Berichte, besonders die des Alten Testaments sind ihrem Wesen nach Bilder, wie wir Bilder definiert haben, die dazu dienen, den Menschen von damals das Ergebnis einer historischen Entwicklung zu erklären und damit faßbar zu machen. Auch wenn es, einmal angenommen, eine solche Führergestalt wie Moses nie gegeben hat und das Volk Israel so wie es die Bibel schildert, auch nicht in Ägypten versklavt war, so zeigt das Bild von Moses und dem Auszug aus Ägypten doch auf eine recht zutreffende Weise, wie sich der Schritt vom Polytheismus zum Monotheismus vollzogen haben könnte. Die beiden anderen großen monotheistischen Religionen, Christentum und Islam, sind denn auch nicht Religionen, die historisch betrachtet für sich selbst entstanden sind. Jesus von Nazareth, der später Christus genannt wurde, wollte nie eine eigene Religion oder gar eine Kirche gründen. Er hatte sein Selbstverständnis immer innerhalb des Judentums. Der Prophet Mohammed wiederum, war nicht nur einfach ein Religionsstifter, sondern ebensosehr ein genial-visionärer politischer Führer, der sich im siebten Jahrhundert die Einheit der unter sich heillos zerstrittenen Völker des arabischen Raumes zum Ziele setzte und, genau wie Moses, diesen Völkern den einen und einzigen Gott, wie er ihn im Judentum vorfand, als übergeordneter, integrierender Gott gab und durchsetzte.

Der Monotheismus ist eine geniale Idee, die der Wirklichkeit des Göttlichen, so wie wir Wirklichkeit definiert haben, sicher am nächsten kommt. Aber diese Idee läßt sich in der Praxis in ihrer reinen Form, so wie sie eigentlich gedacht ist, kaum realisieren, denn dazu

41

ist eben die Realität unserer Welt zu differenziert, um nicht zu sagen zu kompliziert. So geschah es denn auch, daß der Polytheismus, der mit viel Eifer durch die Vordertür hinausgeworfen und scheinbar eliminiert wurde, in Form von Engeln bei allen drei monotheistischen Religionen durch die Hintertür wieder herein kam. Ja, gerade im Falle der jüdischen Religion, ging diese Entwicklung so weit, daß die jüdische Religion ein spiegelverkehrtes Abbild der ägyptischen Religion wurde, in dem die Einheit des Göttlichen exoterisch gelehrt und vertreten wird, aber der für die Erfassung der Realität notwendige Polytheismus die esoterische, verborgene Seite des Judentums ist, wie sie die Kabbala darstellt.

Polytheismus ist stets auch verbunden mit Pantheismus, was mit Allgöttlichkeit, Gott in allem, übersetzt werden kann. Das Göttliche ist überall, und alles ist in ihm. Wenn ich ein Beispiel nennen soll, das auf eine relativ einfache und anschauliche Weise darstellt, was dieser Satz bedeutet und was der Kosmos als Gottes Schöpfung ist, weiß ich kein besseres, als die musikalische Form der Fuge. Eine Fuge besteht aus einem Thema, das für sich allein beginnt, sich weiterentwickelt, fortspinnt, während auf den anderen Ebenen der betreffenden Tonart das ursprüngliche Thema immer wieder von neuem erklingt, mal höher, mal tiefer, dann wieder verlängert oder verkürzt, ja sogar umgekehrt – dem Genie eines Meisters sind hier fast keine Grenzen gesetzt – und dieses sich immer wieder horizontal fortbewegende Thema ergibt durch die verschiedenen Ebenen der Tonart hindurch gleichzeitig vertikal einen Zusammenklang von ungeheurer Dichte und Schönheit. Das Thema einer Fuge wäre in unserem Beispiel Gott, das Göttliche oder die Gottheit, die aus sich selbst heraus wird und dieses Werden immer wieder weitergibt, durch alle Ebenen hindurch zu einem Zusammenklang, der sich aus dem einen Thema herausgebildet hat. Genau so ist unsere Welt beschaffen und alles, was in ihr vorhanden ist, drückt auf seine Weise dieses göttliche Fugenthema aus und leitet sich daraus ab. So betrachtet kenne ich keine klarere und bewundernswertere – gleichsam visionäre – Darstellung des göttlichen Kosmos in unserem Kulturbereich als »Die Kunst der Fuge« von Johann Sebastian Bach. Wer sich eine Vorstellung davon machen will, was ich meine, höre sich einmal mit Andacht und Bewußtheit das sechsstimmige Ricercare aus Bachs Parallelwerk zur »Kunst der Fuge«, »Das musikalische Opfer« an, das für mich der musikalisch höchste Ausdruck des esoterischen Wissens um unsere Welt ist. So ist auch der Mensch für sich individuell Ausdruck des einen göttlichen Fugenthemas, im esoterischen Sprachgebrauch des Logos, der, nach den Worten des Johannes-Evangeliums, »im Anfang war«, das er in einer dem Ganzen verpflichtenden Weise zum Klingen bringen soll.

»Logos« ist vor allem durch die Theosophie zu einem der wichtigsten Begriffe der esoterischen Philosophie geworden. Es hat seinen Ursprung in der griechischen Sprache und wird meist mit »Wort« übersetzt. Deshalb auch die Formulierung am Anfang des Johannes-Evangeliums »Am Anfang war das Wort«, die eigentlich meint, »im Anfang war der Logos«. In seiner umfassenden Bedeutung ist darin viel mehr enthalten, als nur »Wort«.

Unter den Begriff Logos fällt alles, was mit reden, denken, erzählen, berechnen und Vernunft zu tun hat. Also weitgehend alles, was mit Form oder in Form bringen (das heißt formulieren) verknüpft ist. Wenn wir sagen, daß etwas logisch ist, dann drücken wir damit aus, daß es sich uns in einer Form darstellt, die für uns faßbar und für unser Denken nachvollziehbar ist. Dabei wird dann oft übersehen, daß mit dem Begriff logisch oder Logik nur ein *Aspekt* des Gegenstandes berücksichtigt wird, mit dem wir uns beschäftigen, nämlich mit seiner für menschliche Bedürfnisse faßbaren Form, die, und das sollte eigentlich auch logisch sein, nicht alle in diesem Gegenstand enthaltenen Möglichkeiten umfaßt. So gesehen sind Engel – ebenfalls logisch betrachtet – Emanationen einer zentralen Urenergie, die für die Menschen auf unserem Planeten mit dem Bild der Sonne verbunden ist. Das heißt nicht, daß die Sonne diese zentrale Urenergie *ist*, sondern daß sie durch ihre astronomische Position in unserem Planetensystem ein für uns logisch nachvollziehbares Abbild dieser zentralen kosmischen Urenergie bedeutet, deren wirklicher Ursprung für uns nicht auffindbar ist. All dem hat der Maler Gustave Doré in seiner Illustration zum 31. Gesang des »Paradies« von Dantes »Divina Comedia« in einer fast idealen Weise bildhaften Ausdruck gegeben. Ich kenne kein materielles Bild, das das Wesen des Logos optisch besser zur Anschauung bringt als dieses.

»So in Gestalt von einer weißen Rose
Hielt mich die heilge Kriegerschar umringt . . .
Und stieg hinab zum Kelch, der sich zerteilt
In so viel Blätter, flog dann aufwärts wieder,
Wo ihrer ewgen Liebe Ursprung weilt.

Lebendge Glut im Antlitz, ihr Gefieder
Goldschimmernd, alles rein und weiß
Wie reinrer Schnee nie fiel vom Himmel nieder,

So schwirrten sie und teilten inbrunstheiß,
Was sie an Liebe droben eingesogen,
Dem Blumenkelche mit von Kreis zu Kreis . . .

Licht! das aus *einem* Sterne zu erfreuen
Dreifachen Strahles weiß die selgen Scharen,
Funkle auch uns, wenn Stürme uns umdrauen!«

Aus einem zentralen, sonnenhaften Licht lösen sich in fünf Spiralkreisen, einer blühenden Rose gleich, Energiemanifestationen, die um so deutlichere Form annehmen, je mehr sie sich der Sphäre des Menschlich-Irdischen annähern. Die Form, in der sich uns die kosmische Urkraft schließlich zeigt, nimmt die Gestalt von Engeln an. Dieses Bild ist im übrigen eine hervorragende Meditationsvorlage, die es ermöglicht, das Wesen des Logos besser zu begreifen, besonders, wenn man dazu noch als ergänzendes akustisches »Bild« die gewaltige fünfstimmige Eingangsfuge von J. S. Bachs Messe in h-moll heranzieht.

Die musikalische Form der Fuge ist in der Kulturgeschichte der Menschheit nur wenige Jahrhunderte alt und in der westlichen Musiktradition entstanden. Andere Epochen haben andere Bilder oder Modelle gebraucht, um das eben Erklärte zum Ausdruck zu bringen. Die früheren Esoteriker brauchten dafür die Begriffe Makrokosmos und Mikrokosmos, um darauf hinzuweisen, daß der Mensch als Mikrokosmos, das heißt, als kleiner Kosmos, alles das repräsentiert und in sich enthält, was auch das Wesen des Makrokosmos, des großen Kosmos ist. Noch präziser waren die alten Kabbalisten, die dem Menschen als Abbild dieses großen Kosmos den Namen Mikroprosopos gaben, das heißt kleines Gesicht, als Versuch, die Unendlichkeit und Unfaßbarkeit des großen Kosmos in eine faßbare Manifestation zu bringen. Das Gesicht, das der Mensch in der Welt zeigt, zeigt Gott für diese Welt. Und jeder weiß, daß wir nicht immer das gleiche Gesicht zeigen und die Verwandlung vom Gesicht zur Fratze sich leichter, als uns lieb ist, vollzieht. In diesem Zusammenhang sei an ein weiteres Erkenntniswort der alten Eingeweihten erinnert, das in seiner lateinischen Form lautet »Ubique deus ubique daemon«. (Wo Gott ist, ist gleichzeitig auch das andere potentiell vorhanden, das wir das Böse, das Teuflische nennen.) Diese

45

dämonische Fratze der Gottheit des Logos zeigt sich dort, wo das Destruktiv-Chaotische sich anschickt, die ursprünglich gemeinte göttliche Schöpfungsordnung zu stören oder gar zu zerstören, oder auch dort, wo wir nicht fähig sind, das Göttliche zu verstehen oder zu erkennen. »Das Böse zeigt sich uns in der Erscheinung natürlicher Prozesse, die wir nicht verstehen. Es ist der Schleier des Schreckens, der uns das schöne Gesicht der Wahrheit verbirgt«, wie es Paul F. Case, ein Esoteriker, in der ersten Hälfte unseres Jahrhunderts formuliert hat.

Die Frage, die uns in diesem Zusammenhang bewegt, ist, wann zeigen wir Menschen in der Welt, in der Natur, das Gesicht Gottes und wann grinst die dämonische Fratze aus unseren Zügen. Je nachdem zeigt sich uns der Engel oder der Dämon, aber beide sind zwei Gesichter ein und derselben Energie.

Kehren wir noch einmal zu unserem Beispiel der musikalischen Form der Fuge zurück und ihrer Eigenart, ein vorgegebenes Thema auf allen Ebenen und Stufen der betreffenden Tonart und in allen möglichen Variationen durchzuführen und doch so, daß es für den aufmerksamen Zuhörer stets als das eine vorgegebene Thema erkennbar bleibt und jede noch so kunstvolle Veränderung doch nur diesem einen Thema verpflichtet bleibt und es zum Ausdruck bringt. Erst dadurch entsteht die kunstvolle Form der Fuge, die auch vertikal als Harmonie zur Schönheit der Musik beiträgt. Nun ist es allerdings denkbar, daß diese Form und Harmonie empfindlich und für unsere Ohren schmerzhaft gestört werden kann. Das ist dann etwa der Fall, wenn sich eine Stimme nicht mehr der großen, vom Komponisten gewollten Form einordnet, sondern ihren eigenen Weg geht. Dies kann auf zwei Arten geschehen, entweder durch Unachtsamkeit und Fehlerhaftigkeit des Spiels oder durch ein bewußtes aus der Reihe tanzen, als wolle ein Spieler damit sagen: Mein

46

Die heilige Schar in Form einer Rose.
(Gustave Doré, Illustration zu
»Canto 31« von Dantes *Göttlicher Komödie*.)

Thema ist allemal besser und schöner als das mir vom Komponisten – und sei er selbst der große Bach – zur Ausführung vorgegeben ist. Also spiele ich mein eigenes Thema ohne Rücksicht und in völliger Gleichgültigkeit dem Zusammenklang aller anderen Stimmen gegenüber.

Das Resultat eines solchen Vorgehens kann man sich leicht vorstellen: Die ursprüngliche Schönheit und Vollendung der Komposition ist auf das empfindlichste gestört. Im schlimmsten Falle sogar so, daß man sich nur noch schwer davon eine Vorstellung machen kann, was der Komponist, der Meister, im Anfang eigentlich wollte. Aus Schönheit und Harmonie werden Mißklang und Dissonanz. Zwar ist auch dies immer noch Musik – möglicherweise sogar auch noch eine formal korrekt durchgeführte Fuge, aber »der Schleier des Schreckens« hat sich über das schöne Gesicht der Wahrheit gezogen und verbirgt es. Dies ist die Situation des *ubique deus ubique daemon*, wo Gott ist, ist gleichzeitig auch der Dämon, der in diesem Zusammenhang meist mit dem Teufel gleichgesetzt wird. Der Spieler, der in das vom großen Meister komponierte Stück rücksichtslos sein eigenes Thema einbringt und durchzieht, verneint den Meister und sein Werk. Dies ist auch die esoterische Bedeutung des Wortes, womit sich Mephisto in Goethes »Faust« selbst definiert: »Ich bin der Geist, der stets verneint.« Verneinung ist Rückzug, Isolierung und daher Abspaltung und führt zum Gesicht Gottes als Dämon. Das Dämonische ist das Isolierte, das außerhalb des Gesamtbezuges steht. In der Politik würde man sagen, die subjektiven egoistischen Interessen eines Individuums oder einer Gruppe, die ohne Rücksicht auf das Gesamtwohl durchgesetzt werden. Zur Durchsetzung braucht es Kraft, und Gott, der manifestierte Logos, das »Wort« am Anfang des Johannes-Evangeliums ist ebenfalls reine Kraft und wir begreifen erneut, wo Gott als Kraft wirksam wird, kann auch die Kraft im Sinne des Dämons wirksam werden. Das heißt, auf den Gegenstand unserer Betrachtung bezogen, die eine göttliche, kosmische Urenergie kann sich uns – und das hängt weitgehend von uns selbst ab – in der Form des Engels oder des Dämons zeigen.

Die esoterischen Traditionen aller Kulturen haben versucht, diesem Abgleiten in das Destruktive, Chaotisch-Dämonische, durch die Schaffung geschlossener Systeme vorzubeugen. Die geschlossenen Systeme sind so konstruiert, daß sie es dem Menschen, der die göttliche Kraft sucht, erlauben, den göttlichen Logos in einer Form kennenzulernen, die für diesen Menschen positiv und konstruktiv ist. Zu solch geschlossenen Systemen gehören beispielsweise die Bilder der Mythen. Auch die Erzählungen und Berichte der heiligen Bücher, wie in unseren Breiten der Bibel, gehören zu diesen geschlossenen Systemen. Der Tarot ist das Beispiel eines geschlossenen Systems, das nicht auf verbaler Basis formuliert ist. Das für das Thema Engel wichtigste geschlossene Bezugssystem bietet die jüdische Kabbala und besonders das kabbalistische Diagramm des »Baums des Lebens«.

Der Baum des Lebens

Der kabbalistische Baum des Lebens ist *das* esoterische Basissystem des Westens, das in Beziehung zu vielen anderen esoterischen Wissensgebieten wie Astrologie und Tarot steht. Wer den Baum des Lebens begriffen hat, verfügt über alles, was er braucht, um Wesen und Art der westlichen Esoterik zu verstehen. Allerdings ist der Baum des Lebens nicht leicht oder gar auf Anhieb in seiner ganzen Tiefe und mit allen seinen Feinheiten zu verstehen. Er beruht auf einer ganz anderen, als unserer logisch-linearen Denkweise, nämlich auf einer, die durch und durch bildhaft ist. Es können deshalb in diesem Buch nur einige grundlegende Hinweise zum Verständnis gegeben werden, insofern sie zur Thematik dieses Buches notwendig sind. Wer die Absicht hat, sich eingehender mit dem Baum des Lebens zu beschäftigen, den kann ich auf drei Bücher hinweisen, die dies ermöglichen, wenn auch jedes auf eine eigene und von den anderen unterschiedliche Art und Weise. Da ist zunächst einmal von Dion Fortune *»Die mystische Kabbala«* (esotera-Taschenbücherei im Verlag Hermann Bauer). Dieses Buch ist *der* Klassiker, was den Baum des Lebens betrifft. Es wurde 1935 geschrieben und hat bis heute nichts von seiner Aktualität und Qualität eingebüßt und gehört deshalb in jede gut sortierte esoterische Bibliothek. Der Stil, in dem es geschrieben ist, setzt allerdings eine gewisse Vertrautheit mit esoterischer Thematik und dem entsprechenden Wortschatz voraus. Wer mit seinen esoterischen Studien ganz am Anfang steht, greift deshalb besser zu zwei anderen Werken, die den Baum des Lebens gewissermaßen vom Nullpunkt an erklären. Ich empfehle in erster Linie mein Buch »Der Baum des Lebens«, der zweite Band im Rahmen der »Schule des Tarot« (Verlag Hermann Bauer, Freiburg i. Br.). Obgleich der Schwerpunkt dieses Buches auf dem Tarot liegt, ist doch der Teil, der vom Baum des Lebens handelt, in sich geschlossen und für sich allein ohne weiteres verständlich. Ich möchte dieses Buch in erster Linie empfehlen, weil darin auch allen Erzengeln und allen Engelklassen, die mit dem Baum des Lebens in Verbindung stehen, besondere Abschnitte gewidmet sind. Mehr auf eine praktisch-erfahrbare Weise führt in die Thematik ein: Will Parfitt, *Die persönliche Kabbala. Ein praktisches Lehrbuch zum Verständnis des eigenen Lebensbaumes.* (M+T Astroterra-Verlag.)

Der Baum des Lebens beruht auf der These (zu der sich übrigens auch die moderne Naturwissenschaft wieder bekennt), daß alles in unserem Universum und insbesondere auf der für uns materiell erfaßbaren Ebene reine Energie ist. Diese Energie zeigt sich uns durch verschiedene *Manifestationen,* die für uns Menschen in vier *Qualitäten* erfahrbar und zu handhaben sind. Beim Baum des Lebens handelt es sich um zehn Manifestationen, die Sephiroth genannt werden (Mehrzahl von Sephira, die Sphäre) und die vier Qualitäten werden als die vier Elemente Feuer, Wasser, Luft, Erde bezeichnet. Wie das im Prinzip funktioniert, habe ich bereits anhand des Begriffs Wasser (Seite 17) erläutert.

Der Baum des Lebens besteht aus zehn Sephirot, von denen jedes eine spezielle Manifestation, das heißt einen Teilaspekt der einen kosmischen Urenergie darstellt. Die zehn Sephirot können ziemlich genau mit dem Phänomen verglichen werden, das auftritt, wenn man das Sonnenlicht durch ein Prisma leitet. In diesem Falle teilt sich das eine strahlende Sonnenlicht in seine Teilfarben auf, die nun voneinander abgegrenzt nebeneinander auf einer Fläche des Prismas erscheinen. Das gleiche geschieht auch im Naturphänomen des Regenbogens. Keine der im Prisma sichtbaren Farben ist das Sonnenlicht als Ganzes, jede ist für sich nur ein Teilaspekt, und erst die Summe aller Farben wird wieder zum einen allumfassenden Sonnenlicht. Die Sephira, die diesem allumfassenden Sonnenlicht entspricht, steht an der Spitze des Baums des Lebens und heißt Kether. Aus dieser Ganzheit von Kether werden zwei Teilaspekte geboren, die mit den Namen Chockmah und Binah bezeichnet werden. Das Wesen von Chockmah ist eine aktive, handelnde, männliche Energie, während Binah empfangend, formgebend, weiblich ist. Eine weitere Emanation läßt die beiden Sephirot Chesed und Geburah entstehen. Chesed ist eine kreativ mehrende, aufbauende Energie und Geburah sorgt dafür, daß die Energie von Chesed nicht über das Ziel hinausschießt, indem die Mehrung von Chesed rechtzeitig gestoppt oder wenn nötig wieder reduziert wird. Im Kräftespiel des Kosmos repräsentiert Chesed die lebensfördernden, zur Form drängenden Energien, während Geburah die Kräfte des Chaos repräsentiert, die aber in diesem Falle – und das ist sehr zu beachten – ihre Wirkungsweise zur Bewahrung der Form im Rahmen der großen göttlichen Schöpfungsordnung entfalten. Arbeiten diese beiden polar entgegengesetzten Energien ausgewogen und dem höheren Göttlichen verpflichtet zusammen, so entsteht aus ihnen die Sephira Tipharet, die ihrem Wesen nach Schönheit, Harmonie, Ausgewogenheit ist. Auf der darunterliegenden Ebene vertritt die Sephira Nezach das reine kontur- und strukturlose Fließen, das keine von außen her aufgezwungene Strukturen und Gesetze duldet, während Hod um das Gleichgewicht zu erhalten, gegenüber dem reinen Fließen von Nezach gerade die Struktur und die Detailgenauigkeit der äußeren Form zu vertreten hat. Aus beiden wiederum entsteht Jesod, die Lebendigkeit, dessen Charakteristik wir im nächsten Kapitel (ab Seite 85) eingehender kennenlernen werden. Als letzte der zehn Sephiroth bleibt schließlich Malkuth, was im buchstäblichen Sinn das Erdreich, das heißt die materielle Ebene auf der wir leben, zum Ausdruck bringt.

Man kann die Erscheinungsformen jeder Sphäre durch die vier Qualitäten Feuer, Wasser, Luft, Erde als eine horizontale Aufgliederung betrachten, die durch eine analoge senkrechte Aufgliederung ergänzt wird. Diese vier Stufen werden die vier kabbalistischen Welten genannt. Sie bestehen aus:

Atziluth: reine Schwingung
Briah: Archetypen (Bild und Name)
Jetzirah: Aktion
Assiah: Konkretisierung

Die Welt von Atziluth ist reine Schwingung. Sie ist analog der Luftfeuchtigkeit in unserem Beispiel von der Feuerqualität des Wassers. Ihr Merkmal besteht darin, daß sie vorhanden ist, wahrnehmbar, aber nicht faßbar. Diese reine Schwingung wird durch einen Gottesnamen ausgedrückt, der der betreffenden Sephira zugeordnet ist. Man darf diesen Gottesnamen nicht als ein Wortgebilde betrachten, sondern sollte ihn in diesem Zusammenhang in seiner akustischen Erscheinungsform als gesprochenes Wort verstehen. Der Gottesname wird so zum Mantram, der in der gesprochenen Form eine ganz bestimmte Schwingung erzeugt, die dem Energiefeld einer bestimmten Sephira entspricht. Das vielleicht bekannteste Beispiel eines solchen Gottesnamens ist der »unausprechliche Name Gottes«, das sogenannte Tetragrammaton (das heißt Vierbuchstabenwort), dessen korrekte Aussprache als eines der tiefsten kabbalistischen Geheimnisse gehütet wurde, und das heute wahrscheinlich definitiv verloren ist. Diese strikte Geheimhaltung geschah in der Annahme, daß diesem Gottesnamen eine derartige magische Kraft innewohnt, daß durch das Erzeugen der entsprechenden Schwingung das Universum zum Einsturz gebracht werden könnte. Die Ebene von Atziluth ist eine Dimension, in der Energie in höchster und wirksamster Form vorhanden ist. Sie kann indessen nur in ihrer Auswirkung und in ihrem Vorhandensein wahrgenommen werden, aber vom Menschen auf dieser Ebene nicht gehandhabt werden.

Soll die betreffende Energie erkannt, umschrieben und gehandhabt werden, muß sie sich dazu auf der Ebene von Briah manifestieren. Dies geschieht in der Form eines *Bildes*, das mit einem entsprechenden *Namen* versehen ist. Auf dieser Ebene hat nun der Begriff *Name* durchaus die Bedeutung, die wir ihm im täglichen Sprachgebrauch geben. Durch den Namen wird ein spezielles Bild oder ein spezielles Phänomen klar

definiert und damit auch nutzbar gemacht. Man kann
die Ebene von Briah durchaus auch die Welt der Archetypen nennen. In der hierarchischen Aufgliederung
der vier kabbalistischen Welten zeigt sich die göttliche
Energie auf der Ebene von Briah im klar umrissenen
und definierten Bild eines *Erzengels*, der einen bestimmten Namen trägt, der das Wesen der betreffenden Sephira zum Ausdruck bringt. Jeder Erzengel zeigt
sich in einer ganz bestimmten Weise, mit Kleidung,
Attributen und Umgebung, die ihn als den Erzengel,
der er ist, sofort erkennbar machen und von den andern Erzengeln und Engeln unterscheiden.

Die Ebene von *Jetzirah* ist die Ebene der Aktion, des
Handelns. Die kosmischen Energien, die sich auf der
Ebene von Briah in Form eines Archetypen manife-
stiert haben, beginnen nun, sich auf der Ebene von
Jetzirah auszuwirken.

Kein General kann einen Krieg als Einzelperson
austragen; er braucht dazu eine Armee. Die Armee
wiederum setzt sich aus vielen Soldaten zusammen,
welche die eigentliche Arbeit verrichten. Die Art und
Weise wird allerdings vom General bestimmt, der auch
die Durchführung koordiniert und überwacht. Ein
Erzengel würde dem General entsprechen, während
die Armee mit den vielen Soldaten auf der Ebene von
Jetzirah angesiedelt ist. Diese Soldaten entsprechen
den Engeln.

Jedes Handeln zeigt eine Auswirkung. Diese Auswirkung manifestiert sich auf der Ebene von *Assiah*. Auf
dieser Ebene manifestieren sich die kosmischen Kräfte
nicht mehr durch die Gestalt von Engeln, sondern als
planetarische Kräfte. (In der Astrologie werden der Ein-
fachheit halber alle wirkenden Gestirne als Planeten
bezeichnet.) Die genaue Trennung zwischen Jetzirah
und Assiah ist in manchen Fällen nicht leicht zu erkennen. Als Faustregel kann man sich folgendes merken:
Solange die Kräfte ihre Wirkung ausüben, geschieht

dies auf Jetzirah. Sobald die Einwirkung abgeschlossen und ein *konkretes* Ergebnis dieser Einwirkungen vorliegt, wird die Ebene von Assiah erreicht, wo sich ein Resultat zeigt, in dem sich die kosmischen Kräfte materiell manifestiert haben. Der Schreiner, der einen Stuhl herstellt, tut dies auf der Ebene von Jetzirah. Wenn der Stuhl fertig ist, und nichts mehr daran getan werden muß, verkörpert dieser Stuhl Assiah als Resultat der Arbeit des Schreiners.

Der Erzengel als Manifestation des Kräftepotentials handelt nicht, sondern zeigt in den Attributen, die ihm beigesellt sind, die Art und Weise an, wie die speziellen kosmischen Energien, die er verkörpert, gebraucht werden können. Der Erzengel *steht* für das *reine Sein* von etwas. Sein Erscheinen auf der magischen Ebene ist dementsprechend stets an einem bestimmten Ort in stehender Position.

Jede Sephira am Baum des Lebens hat ihren eigenen Erzengel und die dazugehörigen Engel. Eine Darstellung des Baums des Lebens in der Verbindung mit den Engeln ist die Geschichte von Jakobs Traum im Alten Testament (1. Mose 28; 10–12): »Aber Jakob zog aus von Beerseba und machte sich auf den Weg nach Haran und kam an eine Stätte, da blieb er über Nacht, denn die Sonne war untergegangen. Und er nahm einen Stein von der Stätte und legte ihn zu seinen Häupten und legte sich an der Stätte schlafen. Und ihm träumte und siehe eine Leiter stand auf Erden, die rührte mit der Spitze an den Himmel und siehe die Engel Gottes stiegen daran auf und nieder.« Die symbolhafte Darstellung des Baums des Lebens als Leiter zeigt den Baum des Lebens als Werkzeug der Überbrückung und Verbindung zwischen der menschlichen und der göttlichen Welt. Diese Überbrückung und Verbindung geschieht mittels der Engel, die auf der Leiter auf- und niedersteigen. Das Auf- und Niedersteigen weist darauf hin, daß die Distanz zwischen der menschlichen

Jakobs Traum von der Himmelsleiter
mit den auf- und absteigenden Engeln.
(Hayley, *The Poetical Works of John Milton.*)

und der göttlichen Welt keine Einbahnstraße ist, sondern der Weg (in diesem Falle die Leiter) sowohl von
der göttlichen Welt von oben her wie von der menschlichen Welt von unten her begangen werden kann. Der
Weg von oben nach unten wird als der »Weg der
Schöpfung« bezeichnet, während der Weg von unten
nach oben als Weg der spirituellen Entwicklung oder
»Weg der Initiation« bezeichnet wird. Da die Engel
kosmische Kräfte darstellen, wird damit gleichzeitig
auch gesagt, daß der Verbindungsweg zwischen der
göttlichen und der menschlichen Welt nur über diese
kosmischen Kräfte erfolgen kann. Anders ausgedrückt,
das Göttliche ist für den Menschen nicht direkt erkennbar, sondern nur mittels der Verbildlichung der
Engel und den Auswirkungen, die diese göttlichen
Kräfte in Form von Naturkräften auf unserer Erde
haben.

Metatron, der Erzengel von Kether

Der Erzengel, welcher der Sephira Kether zugeordnet
wird, trägt den Namen *Metatron*. Dieser Name scheint
seltsamerweise aus der griechischen Sprache abgeleitet
zu sein »Meta tronos«, was »Deinem Thron nahreste-
hend« bedeutet. Nach kabbalistischer Überlieferung
soll Metatron ursprünglich ein Mensch gewesen sein,
nämlich der Patriarch Henoch, von dem es im 1. Buch
Mose, Kapitel 5, Vers 24 heißt: »Und weil er (Henoch)
mit Gott wandelte, nahm ihn Gott hinweg und er war
nicht mehr gesehen.« Im Klartext bedeutet das, Henoch vereinigte sich mit Gott oder dem Göttlichen
ohne zuvor durch die Erfahrung des Todes hindurch-
gehen zu müssen. Der Name Henoch bedeutet »der
Eingeweihte« und damit kommt zum Ausdruck, daß
eine Vereinigung des Menschen mit dem Göttlichen
möglich ist, sofern der Mensch ein Eingeweihter ge-

worden ist, einer, der mit Gott wandelt. In der Bibel wird Henoch als der Sohn des Jared bezeichnet. Jared bedeutet »der Herniedergestiegene«, damit wird angedeutet, daß der Mensch ein Wesen ist, das aus der göttlichen Sphäre hinunter auf die Erde gestiegen ist, um dann als Henoch, als Eingeweihter den Weg zurück zum Göttlichen zu suchen und zu finden. Nach einer weiteren kabbalistischen Überlieferung soll Metatron der Lehrer des Moses gewesen sein, der durch Metatron die Kabbala empfing. Damit wird ebenfalls ausgedrückt, daß die Kabbala und der mit ihr verbundene Baum des Lebens Mittel und Weg ist, womit der auf die Erde hernieder gestiegene Mensch den Weg zurück zum Göttlichen finden kann.

Als Engel der Sephira Kether werden die sogenannten *Chajoth ha Qadesch* bezeichnet. Dies sind die »vier lebenden Wesen«, Löwe, Adler, Engel und Stier, die wohl den meisten bekannt sind als die Attribute, die den vier Evangelisten zugeordnet werden. Die Chajoth ha Qadesch können noch nicht als eigentliche kosmische Kräfte bezeichnet werden und verkörpern auch nicht das Bild eines Engels, wie wir sie in unserer Vorstellung haben. Man kann die vier lebenden Wesen als die Urprinzipien der vier Elemente Feuer, Wasser, Luft und Erde bezeichnen, die sich aber erst in Malkuth in ihrer eigentlichen Engelform zeigen.

Raziel, der Erzengel von Chockmah

Die Energie von Kether manifestiert sich als ungerichtete Bewegung – Potential, das zur weiteren Manifestation drängt. Aus Kether entsteht Chockmah, dessen Energie sich in einer von einem Ursprung aus entwickelnden emanierenden *gerichteten* Bewegung äußert. Mathematisch ausgedrückt, entwickelt sich aus dem Punkt (Kether) die Linie (Chockmah). Diese gerichtete Bewegung wird, da sie als belebend empfunden wird, in der Kabbala als männlich bezeichnet. Alle diese Eigenschaften finden wir in der Gestalt des Erzengels *Raziel* bildhaft ausgedrückt. Der Name bedeutet Herold, »Einer, der von Gott ausgesandt ist«. Aufgabe des Herolds ist es, den Willen und die Gesetze des Königs, in diesem Falle Gottes, bis in die entferntesten Winkel des Königreiches kundzutun. Nach einer kabbalistischen Legende steht Raziel täglich auf dem Berg Horeb und gibt mit seiner – die Atmosphäre der Erde in Schwingung versetzenden – Stimme die Geheimnisse der Welt kund. Die Geheimnisse des Universums sind in diesem Falle gleichzeitig auch die Gesetze, die im Universum walten und seinen Lauf bestimmen. Diese Gesetze zu kennen und sich ihrem Walten in seinem Handeln anzupassen und das Leben des einzelnen Menschen sowie der Menschheit nach ihnen zu richten, ist für den Menschen nicht nur überlebens-, sondern lebenswichtig. Dies wird auch in der kabbalistischen Legende deutlich, die berichtet, daß sich der Erzengel Raziel freundschaftlich um den aus dem Paradies verstoßenen Adam kümmerte, der in der unbekannten Umgebung außerhalb des Paradieses vollkommen verloren und desorientiert war. Raziel gab ihm ein geheimnisvolles Buch, das die Gesetze der kosmischen Schöpfungsordnung enthielt. Diese Gesetze wurden in diesem Buch vor allem durch den Lauf der Gestirne am Himmel und ihre Gesetzmäßigkeit dargestellt. Durch aufmerksame Beobachtung dieser Gestirnsläufe war es Adam und seinen Nachkommen möglich, die Gesetze des Universums zu erkennen und in ihr Leben zu integrieren. Die kabbalistische Tradition berichtet, daß sich dieses geheimnisvolle Buch von Adam her weitervererbte über Noah, Henoch, Abraham, Jakob, Levi, Moses, Josua bis hin zum König Salomo, dem König der Weisheit

(die deutsche Bedeutung von Chockmah ist Weisheit).
König Salomo war Erbauer des ersten Tempels in
Jerusalem, und im Allerheiligsten dieses Tempels
wurde dieses geheimnisvolle Buch aufbewahrt. Die
Vertreibung aus dem Paradies entspricht dem Sturz
des Menschen aus der göttlichen Nähe in Kether
hinunter nach Malkuth, daß im Deutschen »Reich«
bedeutet. Indem Raziel Adam das Buch der göttlichen,
universellen Gesetze übergab, sorgte er in seiner
Eigenschaft als Herold dafür, daß der Wille Gottes
und die Gesetze der göttlichen Schöpfungsordnung
bis hinunter in die dichteste materielle Verfestigung
hinein ihre Gültigkeit haben und angewendet werden.
Eine moderne, unserer technischen Welt angehörende
bildhafte Darstellung des Raziel können wir durchaus
im Funkturm sehen, der erhöht steht und dessen
Signale überallhin dringen, wo sie von den Menschen
empfangen und als Information ausgewertet werden
können.

Die Engel der Sephira Chockmah heißen *Ophanim*,
was auf deutsch »Räder« bedeutet. Sie werden ausführlich in der bekannten Vision der Propheten Hesekiel
geschildert: »Die Räder waren anzuschauen wie ein
Türkis und waren alle vier gleich und sie waren so
gemacht, daß ein Rad im anderen war. Nach allen vier
Seiten konnten sie gehen, sie brauchten sich im Gehen
nicht umzuwenden und sie hatten Felgen und ich sah,
ihre Felgen waren voller Augen ringsum bei allen vier
Rädern. Und wenn die Gestalten gingen, so gingen
auch die Räder mit, und wenn die Gestalten sich von
der Erde emporhoben, so hoben die Räder sich auch
empor. Wohin der Geist sie trieb, dahin gingen sie und
die Räder hoben sich mit ihnen empor; denn es war der
Geist der Gestalten in den Rädern. Wenn sie gingen, so
gingen diese auch; wenn sie standen, so standen diese
auch; und wenn sie sich emporhoben von der Erde,
zogen sich auch die Räder mit ihnen empor; denn es

war der Geist der Gestalten in den Rädern«. (Hesekiel, erstes Kapitel, 16–21). Der Beschreibung nach bestehen die Räder nicht nur aus einem einzelnen großen Reifen, sondern aus verschiedenen Kreisen, die – einer immer kleiner als der andere – ineinander geschachtelt sind. Der innerste Kreis besteht aus einem Auge. Nach dieser Schilderung handelt es sich bei den Ophanim durchaus um eine Spirale, die sich aus dem »Auge Gottes« heraus nach außen entwickelt. Also ziemlich genau so, wie Gustave Doré in seiner Illustration zu Dantes Divina Comedia die Manifestation der Engel aus dem göttlichen Licht heraus gezeichnet hat. Die Spirale ist die Grundbewegung unserer Erde, wenn nicht des Kosmos überhaupt. Die Erde dreht sich im Verband mit anderen Planeten um die Sonne, die ihrerseits ja nicht das stillstehende Zentrum des Himmels ist, sondern sich am äußeren Rand eines Sternhaufens befindet – Galaxis genannt – um dessen Zentrum sie sich, zusammen mit anderen Sonnensystemen, bewegt. Aber auch die Galaxis befindet sich in einer rotierenden Bewegung um ein noch größeres Zentrum. Addiert man bildhaft diese Bewegungen zueinander, so entsteht daraus die spiralförmige Bewegung, womit sich unsere Erde und damit letztlich auch jeder Mensch auf ihr durch das Universum fortbewegt. Zusammenfassend kann gesagt werden, daß Raziel und die Ophanim das Geheimnis des Göttlichen repräsentieren, das das gesamte Universum durchdringt und das gleichzeitig das Gesetz bedeutet, dem alles zugrunde liegt.

Zaphkiel, der Erzengel von Binah

Die in Chockmah aus einem Punkt heraus emanierende Bewegung und Kraft ist nutzlos, wenn sie nicht in eine Form gebunden wird. Dies ist die Aufgabe des

Sephira Binah. Erst in Binah werden die göttlichen kosmischen Energien anschaulich und nutzbar. Der Erzengel von Binah heißt Zaphkiel. Dieser Name bedeutet »der Betrachter Gottes«. Man kann nur etwas betrachten, das vorhanden ist. Und zwar muß dieses Objekt unserer Anschauung in einer Art und Weise vorhanden sein, die es ermöglicht, es mit unseren Sinnen zu erfassen. Mit anderen Worten, das Objekt muß in eine Form gebunden sein, die es ganz genau umgrenzt und die wir als Ganzes wahrnehmen können. Binah ist also die Sephira, in der sich die göttlichen kosmischen Energien zu Bildern formen, wie dies in den vorangegangenen Kapiteln dargestellt worden ist.

Die Engel von Binah werden *Aralim* genannt, das heißt die »Throne«. Warum diese Bezeichnung gewählt wurde, läßt sich vielleicht so erklären: Auch in den archaischen Zeiten erlebte der Mensch die göttliche kosmische Kraft oder einfach Gott als etwas, das ihm in jeder Beziehung überlegen war und dem er sich zu fügen hatte. Deshalb wurde Gott immer wieder mit dem Bild des Königs gesehen. Eine bildhafte Manifestation, die sich in den christlichen Texten bis in unsere Zeit erhalten hat. Die Erhabenheit und Überordnung des irdischen Königs wurde für die Augen sinnenhaft erfaßbar in der Weise, daß sich der König auf einer erhöhten Sitzgelegenheit befindet, auf dem »Thron«, die seine Überlegenheit ein für allemal deutlich macht. Die gleiche Überlegenheit des Göttlichen oder Gottes zum Ausdruck zu bringen, ist die Aufgabe der Engelmächte von Binah. In ihnen und durch sie soll der Mensch erkennen, daß Gott in jedem Falle größer, erhabener und stärker ist, als alle Menschen oder alles, was das Menschliche betrifft. So wird auch durchaus verständlich, warum die Aralim in der Kabbala auch als »die Statthalter Gottes« bezeichnet werden, denn sie sitzen – einem Gouverneur oder Reichsverwalter vergleichbar – statt des Königs, der körperlich nicht anwesend ist, auf dem Thron.

In der Kabbala werden die drei obersten Sephirot am Baum des Lebens »das mystische Dreieck« genannt. Dieser Begriff soll zum Ausdruck bringen, daß Gott oder das Göttliche auf dieser Ebene nicht unmittelbar faßbar, sondern höchstens anschaubar ist. Ein Mystiker ist jemand, der durch unmittelbares Einwirken Gottes auf eine Ebene erhoben wird, die er aus eigener Kraft niemals erreichen könnte. Der Mystiker kann denn auch auf dieser Ebene nichts anderes tun, als sich der Anschauung Gottes zu ergeben und zu versuchen, das Geschaute in irgendeiner Form, die notgedrungen zu begrenzt und dem Geschauten in keiner Weise entsprechend ist, auszudrücken. Ein Problem, das die Mystiker seit jeher immer wieder beschäftigt und aufgewühlt hat.

Zadkiel, der Erzengel von Chesed

Erst mit der Sephira Chesed gelangen wir in den Bereich des für uns Menschen Faßbaren, wo die göttliche Kraft für uns auch materiell erfahrbar und nützlich wird. Wir können die Sephira Chesed ihrem Wesen nach nicht begreifen, wenn wir nicht auch gleichzeitig die Sephira Geburah als Ergänzung zum Verständnis heranziehen. Die Ebene im Baum des Lebens, auf welcher sich Chesed und Geburah befinden, ist ein ewiges Wechselspiel – man könnte auch sagen Auseinandersetzung oder Kampf – der beiden Energien, die diesen Sephirot zu eigen sind. Chesed repräsentiert die emanierende Energie von Chockmah im materiellen, körperlichen Bereich, was zur Mehrung führt. Die in Chockmah auf einer zweidimensionalen Ebene von einem Punkt aus emanierende Energie erstreckt sich im Bereich von Chesed auch in die dritte Dimension und nimmt dadurch ständig an Volumen zu, nicht unähnlich einem Luftballon, in den man unentwegt Luft hineinbläst. Wie jedermann weiß, kann man nicht ständig Luft in einen Ballon hineinpusten, bis dieser Ballon sich in alle Unendlichkeit ausdehnt, das heißt mehrt, sondern irgendeinmal ist die Grenze der materiellen Belastbarkeit der Gummihaut erreicht und sie platzt. Diese Grenze, die der Energie von Chesed ein Ende setzt, ist die Kraft, die der Sephira Geburah zu eigen ist. Geburah verhindert durch seine korrigierenden und reduzierenden Einwirkungen im materiellen Bereich, daß sich materielles Chaos entwickelt. Das Geschehen auf der Ebene zwischen Chesed und Geburah ist durchaus der Funktionsweise des menschlichen Immunsystems vergleichbar, das sich gegen die chaotische Vermehrung von Bakterien wehrt, die in den Körper eingedrungen sind, indem es sie reduziert, das heißt zerstört. Das gleiche Immunsystem sorgt auch dafür, daß materielle Körperzellen, die sich im Verband des großen Ganzen des Körpers selbständig machen und ihre eigenen Wege gehen wollen, rechtzeitig eliminiert werden, das heißt, bevor sie in Form der Krankheit Krebs den Körper letztlich zerstören. Ist die körpereigene Abwehr zu schwach, so muß die Energie von Geburah von außen zugeführt werden. Das kann in Form des Chirurgen-Skalpells oder durch Medikamente geschehen.

Der Erzengel von Chesed trägt den Namen *Zadkiel*, abgeleitet vom hebräischen Wort Zedeq, das heißt »der Gerechte Gottes«. Zadkiel sorgt also für Gerechtigkeit in dem Sinne, daß er dort hinzufügt und aufbaut, wo zu wenig vorhanden ist. Um beim Beispiel des menschlichen Körpers zu bleiben: Wenn durch Verwundung ein Loch im Körper entstanden ist und dadurch zu wenig Körperzellen vorhanden sind, werden diese Zellen durch Zadkiel regeneriert und ersetzt. So kann die Wunde verheilen.

Die Engel von Chesed heißen *Chasmalim*, ein Name der auf deutsch »die Hell-*Leuchtenden*« bedeutet. Auch dieser Name läßt sich daraus erklären, daß Chesed der Beginn der materiellen Sphäre ist. Ein materielles Objekt, das eine ganz bestimmte Form hat (die ihm von Binah gegeben ist), kann nur dann von uns als Bild wahrgenommen werden, wenn es beleuchtet ist. So verkörpern die Chasmalim die Kraft des göttlichen Lichtes, das Gottes Schöpfung erhellt und für uns Menschen erkennbar macht.

Kamael, der Erzengel von Geburah

Der Erzengel von Geburah trägt den Namen *Kamael*. Dieser Name kann übersetzt werden mit »das *verbrennende* Feuer Gottes«. Auch dies ist ein – wenngleich von Chesed völlig verschiedener – Aspekt des göttlichen Lichts. Zum näheren Verständnis müssen wir uns daran erinnern, daß bis vor ungefähr hundert Jahren Licht und Feuer für die Menschen identisch waren. Ein Umstand, der in unserer Zeit des Neonlichtes und des Lichtes der Fernsehröhren nicht mehr ohne weiteres präsent ist. Feuer steht nicht nur für Wärme und Licht, sondern ebensosehr für Verbrennung und Zerstörung. Es ist daher Kamael, der dafür sorgt, daß weggebrannt wird, was zuviel wird oder seine naturgegebenen Grenzen überschritten hat. Dem Feuer wird ebensosehr eine reinigende Kraft zugeschrieben und diese reinigende Kraft, die in unserer modernen Kultur durch die Sterilisation mittels Hitze wahrgenommen wird, ist Aufgabe der *Seraphim*, der Engel von Geburah. Ein anschauliches Beispiel dieser Reinigung durch Feuer haben wir in der biblischen Berufungsgeschichte des Propheten Jesaja (Kapitel 6, Vers 1–7): »In dem Jahr, als der König Usia starb, sah ich den Herrn sitzen auf einem hohen und erhabenen Thron und sein Saum

füllte den Tempel. Sepharim standen über ihm, ein
jeder hatte sechs Flügel, mit zweien deckten sie ihr
Antlitz, mit zweien deckten sie ihre Füße und mit zwei-
en flogen sie und einer rief zum anderen und sprach:
›Heilig, heilig, heilig ist der Herr Zebaoth, alle Lande
sind seiner Ehre voll‹. Und die Schwellen bebten von
der Stimme ihres Rufens und das Haus ward voll
Rauch. Da sprach ich: Weh mir, ich vergehe! Denn ich
bin unreiner Lippen und wohne unter einem Volk von
unreinen Lippen; denn ich habe den König, den Herrn
Zebaoth gesehen mit meinen Augen. Da flog einer der
Seraphim zu mir und hatte eine glühende Kohle in der
Hand, die er mit der Zange vom Altar nahm und rührte
meinen Mund an und sprach: Siehe, hiermit sind deine
Lippen berührt, daß deine Schuld von dir genommen
werde und deine Sünde gesühnt sei.«

Michael, der Erzengel von Tipharet

In Tipharet begegenen wir *Michael*, dem ersten
der vier großen Erzengel, die zusammen den unaussprechlichen Namen Gottes, das Tetragrammaton bilden. Der Name Michael bedeutet »Einer, der wie Gott
ist«. Das dürfen wir nicht so verstehen, daß Michael
gleich Gott ist, denn er bildet ja nur zusammen mit den
drei anderen Erzengeln Gabriel, Raphael und Auriel
die Ganzheit des Großen Göttlichen. Aber er verkörpert den Feueraspekt Gottes in der Synthese von Chesed und Geburah als Ganzheit von Lichtkraft und
brennender Hitze. Aus diesem Grunde wird er in der
Kabbala auch oft als der »Fürst des Lichts« bezeichnet.
Auf der irdisch-materiellen Ebene, auf der wir Menschen uns befinden, begegnen wir der alles durchdringenden und regierenden Kraft des Lichts in Form der
Sonne, ohne die Leben auf dieser Ebene nicht möglich
ist. So ist denn auch die Sonne, die planetarische Kraft,

der Sephira Tipharet zu eigen. Die Sonnenkraft, die Michael repräsentiert, ist der Wirkungskanal, durch den sich göttliche Kraft in Form des Lichts ergießt und der uns Menschen zu einem sinnerfüllten Leben verhilft. Und so wie die Sonne das Zentrum unseres Planetensystems überhaupt ist, sorgt Michael dafür, daß alle Kräfte des Universums in der richtigen Weise und am richtigen Ort wirken können. Er läßt die Sonne nicht verbrennend und verdorrend wirken und er bannt die dunklen Kräfte, die in Form der Schlange aus dem Abgrund herauszüngeln, an den ihnen gemäßen Ort. Die archaischen Menschen errichteten ihre Kultstätten und Heiligtümer mit Vorliebe an sogenannten Orten der Kraft, an denen die aus der Erde dringenden Energien besonders stark spürbar sind. Die christliche Kirche hat diese Kräfte als böse und teuflisch empfunden. Wenn christliche Kirchen über alte heidnische Kultstätten gebaut wurden, weihte man sie gerne dem Erzengel Michael, der durch seine Präsenz dafür sorgen sollte, daß diese Kräfte in der Erde gebannt blieben. Alle Kirchen, die den Namen Michaels tragen, sowie Orte, die mit seinem Namen verbunden sind, geben Hinweis darauf, daß sich an dieser Stelle ein sogenannter »Ort der Kraft« befindet.

Malachim, das bedeutet »Boten«, heißen die Engel der Sephira Tipharet. Schon der Name besagt, daß die Malachim eine enge Verwandtschaft zu Raziel, dem Herold auf Chockmah, aufweisen. Doch bestehen auch wichtige Unterschiede. So ist der Herold, also in diesem Falle Raziel, direkt dem Göttlichen unterstellt, während die Boten die Kleinarbeit verrichten. Am Beispiel von Tipharet kann dieser Unterschied in der folgenden Weise definiert werden: Michael repräsentiert die Sonne als Ganzes an sich, während die Malachim den Sonnenstrahlen zu vergleichen sind, die vom Zentralgestirn ausgehen und mit ihrem Licht alles Dunkle durchdringen und vertreiben und so die Botschaft vom göttlichen Licht bis in die hintersten Winkel und Ecken des Universums verbreiten. So bewirken Michael und seine Malachim, daß das Universum im Sinne des Göttlichen als Leben existiert, und die Malachim im besonderen sind verantwortlich für den Zusammenhalt der diversen kosmischen Kräfte zu einem großen Ganzen.

So wie die Sonne auch in unserer sinnhaften Erfahrung am Himmel übergeordnet steht, wirkt Michael als Herr des Firmamentes von oben, für uns Menschen zwar sichtbar, aber kaum erreichbar, während die Erzengel und Engel der nun nachfolgenden Sephirot auf dieser Erde selbst ihre Wirkung und Tätigkeit entfalten. Michael ist auch der letzte der Erzengel und darin ebenfalls der Sonne gleich, der in seiner bildhaften Erscheinung klar und eindeutig in Erscheinung tritt. Alle nun folgenden Erzengel können ihrer Erscheinung nach mehrdeutig und in verschiedener bildhafter Gestalt erscheinen, die sich auch in verschiedenen Namen äußert, obgleich es sich jeweils um ein und dieselbe Engelkraft handelt. Das kann jemanden, der mit den Grundgedanken der Kabbala nicht so vertraut ist, verwirren und zu Mißverständnissen führen. Wir können diesen Umstand besser verstehen, wenn wir uns daran erinnern, daß die vier großen Erzengel Michael, Gabriel, Raphael und Auriel zusammen den unaussprechlichen Namen Gottes Jod Heh Vau Heh verkörpern. Jeder dieser vier großen Erzengel steht gleichzeitig für eines der vier Elemente: Michael für Feuer, Gabriel für Wasser, Raphael für Luft und Auriel für Erde. Sie bilden zusammen in der Kosmogonie der Kabbala das, was wir mit einem anderen allumfassenden Ausdruck »die Natur« nennen. Die genaue Bedeutung des Namens Jod Heh Vau Heh, den Luther mit der deutschen Bezeichnung »Ich bin, der ich bin« übersetzte, heißt eigentlich genauer »Ich bin der, als der ich mich erweise«. Damit wird deutlich gemacht,

68

daß Gott sich für uns Menschen in der Natur, das heißt in der Form, wie sich die vier Elemente in der Natur zeigen, erweist und für uns erkennbar ist. Natur ist aber ein ständiger Prozeß, ein ständiges Zusammenwirken der vier Grundkräfte, die wir die vier Elemente nennen und die sich, je nach diesem chemischen Prozeß auch in einer anderen Gestalt zeigen.

Haniel, der Erzengel von Nezach

Der Nezach zugeordnete Erzengel wird allgemein mit dem Namen *Haniel* bezeichnet. In manchen kabbalistischen Schriften wird der Erzengel Haniel auch mit dem Namen *Phaniel* oder *Auriel* bezeichnet. Diese zwei Namen sind aber nur spezielle Aspekte des einen Haniel. Wörtlich übersetzt bedeutet Haniel »Ich bin Gott«, was im Sinne »die Erscheinung Gottes« verstanden werden muß. Sein Name wird auch oft mit »Ruhm und Güte Gottes« umschrieben. Diese Umschreibung weist auf die zwei Aspekte hin, denen wir in unserer Konfrontation mit der Natur und dem Natürlichen immer wieder begegnen. Es sind dies der schöpferische und lebensspendende Aspekt der Natur, die uns alle das, was wir zum Leben und zur Lebenserhaltung benötigen, darbietet wie Nahrung, Luft zum Atmen usw. Aber gleichzeitig begegnet uns die Natur auch als zerstörerische, als eine für uns unbegreifliche Kraft, die im Sinne der Lebenserhaltung tötet und vernichtet. (Mehr zu diesen Aspekten sage ich in den Erläuterungen zum fünfundzwanzigsten Pfad, ab Seite 181). Der Name *Phaniel*, mit dem der Erzengel von Nezach manchmal auch bezeichnet wird, legt den Akzent auf die »Güte Gottes«. Aus diesem Grunde wird ihm auch die Funktion des guten Hirten, der seine Schafe beschützt und leitet, zugeschrieben. Auriel wiederum verkörpert den Aspekt des Irdischen, der ja mit dem Walten der Naturkräfte eng verbunden ist. Der eigentliche Platz von Auriel ist seiner Natur entsprechend aber Malkuth, und deshalb werden wir uns bei der Beschreibung dieser Sphäre näher mit ihm befassen.

Anlaß zu Verwirrung gibt auch immer wieder der Umstand, daß die der Sephira Nezach zugeschriebenen Engel *Elohim* sind. Nun wird ja das Wort »Elohim« normalerweise als ein Gottesname begriffen, wie es im ersten Buch Moses, 1. Kapitel, Vers 27 heißt: »... und Gott (Elohim) schuf den Menschen zu seinem Bilde, zum Bilde Gottes schuf er ihn und schuf sie als Mann und Weib.«

Das Wort »Elohim« ist an sich eine sprachliche Absurdität, denn es besteht aus dem weiblichen Wort ›Elo‹, was die Göttin bedeutet, verbunden mit der Endsilbe ›-im‹, welche in der hebräischen Sprache zur Mehrzahlbildung von männlichen Wörtern verwendet wird. Als Gottesname bezeichnet Elohim deshalb den in Gott gleichzeitig enthaltenen weiblichen und männlichen Aspekt. Wie aber können denn die Elohim gleichzeitig eine Engelklasse bedeuten? Wir kommen der Lösung des Problems vielleicht etwas näher, wenn wir uns im Alten Testament die im 28. Kapitel des 1. Buches Samuel erzählte Geschichte der Hexe von Endor näher betrachten. Samuel, der große Prophet sowie Mentor (Lehrer) des Königs Saul und dessen Verbindung und Mediator zu Gott war gestorben. König Saul, der sich in seiner Egozentrik von Gott abgewandt hatte, kam in große militärische Bedrängnis durch die Philister. »Als aber Saul das Heer der Philister sah, fürchtete er sich und sein Herz verzagte sehr. Und er befragte den Herrn; aber der Herr antwortete ihm nicht, weder durch Träume noch durch das Los ›Licht‹, noch durch Propheten. Da sprach Saul zu seinen Getreuen: Sucht mir ein Weib, das Tote beschwören kann, daß ich zu ihr gehe und sie befrage. Seine

Männer sprachen zu ihm: Siehe, in Endor ist ein Weib, das kann Tote beschwören. Und Saul machte sich unkenntlich und zog andere Kleider an und ging hin und zwei Männer mit ihm und sie kamen bei Nacht zu dem Weibe. Und Saul sprach: Wahrsage mir, weil du Geister beschwören kannst, und hole mir herauf, wen ich dir nenne. Da sprach das Weib: Wen soll ich dir denn heraufholen? Er sprach: Hol mir Samuel herauf! Und der König sprach zu ihr: Fürchte dich nicht! Was siehst du? Das Weib sprach zu Saul: Ich sehe einen Geist (im hebräischen Urtext ›Elohim‹) heraufsteigen aus der Erde. Er sprach: Wie ist er gestaltet? Sie sprach: Es kommt ein alter Mann herauf und ist bekleidet mit einem Priesterrock. Da erkannte Saul, daß es Samuel war, und neigte sich mit seinem Antlitz zur Erde und fiel nieder. Samuel aber sprach zu Saul: Warum hast du meine Ruhe gestört, daß du mich heraufsteigen läßest? Saul sprach: Ich bin in großer Bedrängnis, die Philister kämpfen gegen mich und Gott ist von mir gewichen und antwortet mir nicht, weder durch Propheten noch durch Träume; darum habe ich dich rufen lassen, daß du mir kundtust, was ich tun soll.«

Solange König Saul das tat, »was Gott wohlgefiel«, stand er durch die Persönlichkeit der Propheten Samuel in direkter Verbindung mit Gott. Samuel war es, der ihm jeweils den Willen Gottes übermittelte. Saul versucht nun nach dem Tode Samuels in seiner Bedrängnis auf eine gewaltsame Weise diese abgerissene Verbindung wieder herzustellen. Die Beschwörung ist erfolgreich und Samuel erscheint in einer Form, die im hebräischen Text als »Elohim« bezeichnet wird. Samuel in seiner Geistform ist es denn auch, der den König Saul ein letztes Mal in direkte Verbindung mit Gott und seinem Willen bringt. »Samuel sprach: Weil du der Stimme des Herrn nicht gehorcht hast, darum hat der Herr dir das jetzt getan. Dazu wird der Herr mit dir auch Israel in die Hände der Philister geben.

71

Morgen wirst du mit deinen Söhnen bei mir sein. Auch wird der Herr das Heer Israels in die Hände der Philister geben. Da stürzte Saul zur Erde, so lang er war, und geriet in große Furcht über die Worte Samuels.«

Die Bedeutung dieser Geschichte ist folgende: Solange Saul »auf den Wegen Gottes wandelte«, hatte er die Verbindung zu Gott in der sichtbaren Gestalt des Propheten Samuel. Diese sichtbare Erscheinung des Propheten bedeutete also für Saul zugleich die direkte Gotteserfahrung. Es mag dahingestellt bleiben, ob die magischen Beschwörungen der Hexe von Endor wirklich den *persönlichen* Geist des Samuel evozierten. Der Gebrauch des Wortes »Elohim« als Bezeichnung für diesen Geist läßt eher darauf schließen, daß dem nicht so war. Was aber der Hexe von Endor gelang, das war die Wiederherstellung der abgebrochenen Verbindung zu Gott, die sich denn für Saul logisch auch wiederum in der Form zeigte, wie er sie früher erfahren hatte, durch die bildhafte Gestalt des Samuel. Somit bezeichnete »Elohim« die sinnhafte Erfahrung, wie der Mensch die Präsenz Gottes oder des Göttlichen erfährt. Die »Elohim« als Engel bezeichnen also die sinnenhafte Erfahrung des Göttlichen oder Gottes in der den Menschen umgebenden und ihn tragenden Natur. Diese Erläuterung mag als Beispiel dafür dienen, wie kompliziert der Umgang mit Engelmächten werden kann, sobald sie sich nicht mehr in der Welt der Archetypen zeigen, sondern in unserer materiellen Realität wirksam werden.

Raphael, der Erzengel von Hod

Die Sephira Hod ist zuständig für die Realisierung der Form in allen Details, also für Strukturierung. In Binah ist die Form Idee, in Hod wird sie zur greifbaren Realität. Der Unterschied ist so zu verstehen: Der menschliche Körper hat eine genaue bestimmte Form, die zeigt, daß es sich um einen menschlichen Körper handelt. In der Realität ist dieser Körper aus unzähligen Zellen und Organen zusammengesetzt, die in einer genau aufeinander abgestimmten Weise als Einheit zusammenarbeiten müssen, damit ein lebendiger Mensch vorhanden ist. Diese Zellen und die aus ihnen aufgebauten Organe bilden die Struktur des Körpers. Ihr genaues Zusammenwirken sorgt dafür, daß wir den Körper als einen menschlichen Körper erkennen können.

Der Erzengel von Hod ist *Raphael*, das heißt »Der Arzt Gottes« oder »Der Gott, der heilt«. Ein Arzt heilt und das Wort ›heilen‹ steht in Verbindung mit Ganzheit und Unversehrtheit. Es ist also Raphael, der als ein Heilender für diese Ganzheit und Unversehrtheit zuständig ist. Die dem Erzengel Raphael zugeordneten Attribute sind die Phiole mit dem heilenden Balsam und das Schwert. Sie können direkt mit den zwei Instrumenten verglichen werden, die auch der moderne menschliche Arzt zur Heilung einsetzt: das Medikament und das Skalpell des Chirurgen. Aber das Schwert hat noch eine weitergehende, tiefere Bedeutung. Das Schwert ist seiner Funktion nach zunächst einmal ein Messer, womit man Dinge entzweischneiden, das heißt »scheiden« kann. Das Scheiden dient primär immer dem Zweck der Ordnung und der damit verbundenen Einteilung. Eine Entscheidung treffen bedeutet, sich zu einer ganz bestimmten Ordnung bekennen. Wo immer Entscheidungen getroffen und daraus folgende Ordnungen geschaffen werden, ist Raphael mit seinem Schwert am Werke. Alles, was Raphael tut, sei es, den heilenden, lindernden Balsam spenden oder mit dem scharfen Schwert wegschneiden, was der von Binah her gegebenen Form nicht entspricht – oder sogar widerspricht –, immer dient es der Ganzheit und damit der Erkennbarkeit der ursprünglichen Form. Auf diese materielle Struktur wird denn auch verwiesen, wenn die Engel von Hod den Namen Bene Elohim tragen. Wörtlich übersetzt bedeutet dies die »Söhne der Götter«, aber besser heißt es wohl, unter Berücksichtigung der Doppelgeschlechtlichkeit des Wortes Elohim, die »Kinder der Göttinnen und Götter«. Die Elohim der Sephira Nezach sind die Erscheinungsformen, in denen sich das Göttliche auf der irdisch-materiellen Ebene bildhaft zeigt, wie wir dies in der Geschichte der Hexe von Endor kennengelernt haben. Die Kinder dieser Elohim sind nun eine nächstfolgende Stufe, das heißt, sie transponieren diese Erscheinungsformen in die Welt der Materie, wo sie buchstäblich greifbar werden.

Wir sehen in diesem Beispiel erneut, wie der Baum des Lebens, wenn wir ihn in der Reihenfolge seiner Sephirot durchgehen, ein Weg der Schöpfung ist, der darin besteht, daß die der Schöpfung innewohnenden Kraft immer dichter und manifester – das heißt handgreiflicher – wird.

Gabriel, der Erzengel von Jesod

Die Sephira *Jesod* repräsentiert eine Energiemanifestation, die man am besten mit dem Wort »Lebendigkeit« umschreiben kann. Sie ist »die Maschinerie, welche das Universum vorantreibt«. Da im nächsten Kapitel eine ausführliche Darstellung einer praktischen Arbeit auf der Sphäre von Jesod gegeben wird, zu deren Analyse eine eingehende Betrachtung der auf dieser Sphäre vorhandenen Energien gehört, sei hier nur das Notwendigste gesagt. Lebendigkeit erfahren wir in zwei Erscheinungsformen: als Kraftpotential und als Fluß dieser Kraft, vornehmlich in einem Bereich, der im weitesten Sinne mit dem Begriff Sexualität zur Fortpflanzung umschrieben werden kann.

Diese in jeder Beziehung unbändige Lebenskraft ist

74

denn auch das Kennzeichen des der Sphäre von Jesod zugehörigen Erzengels *Gabriel,* dessen Name auf deutsch »Gottesstärke« oder »der Starke Gottes« heißt. Gabriel regiert über alles, was mit Leben im weitesten Sinne zu tun hat. Mit Geburt, Tod, Auferstehung, kurz mit allem, was wir in dem Begriff »Lebensäußerung« zusammenfassen können. Durch Gabriel erfahren die Menschen die »Stärke Gottes« als Lebenskraft, die aus toter Materie Lebendigkeit macht. Gabriel ist denn auch der Erzengel, der mit dem Klang seiner Trompete die Toten zu neuem Leben erweckt, wie dies im Tarotbild XX dargestellt ist. Im biblischen Buch Daniel, Kapitel 8, berichtet der Prophet über eine Vision, in deren Verlauf er Zeuge eines erbitterten Kampfes zwischen einem Lamm und einem Ziegenbock wird. Diese Tiere symbolisieren die beiden einander entgegengesetzten Arten von Lebensäußerung, nämlich die unbändige Triebkraft des Bocks und die hingebungsvolle Liebe, uns allen vertraut im Symbol des Lammes. So ist es denn auch logischerweise der Erzengel Gabriel, der dem Propheten den Sinn seiner Vision erklärt und damit gleichzeitig eine weitere wichtige Funktion wahrnimmt, den Menschen aus den tiefsten Schichten der Seele heraus durch ihr Unbewußtes den göttlichen Willen zu verkünden. Dieses Unbewußte, dessen dunkle Dimensionen vom zentralen Licht der Sonne nur über den Weg der Reflexion durch den Mond ausgeleuchtet werden können, ist denn auch die Dimension, in welcher das Wesen von Jesod und seines Erzengels am deutlichsten zum Ausdruck kommen. Dieses ständige Hineinfunkeln oder Hineingleißen des Lichtes in die dunklen Tiefen von Jesod ist auch bei dessen Engeln, den *Aschim,* am deutlichsten zu erkennen. Der Name dieser Engelklasse bedeutet »Feuer-Seelen« und sie stehen in enger Beziehung mit dem Phänomen von Funken, die sich aus der einen großen Flamme des Feuers gelöst haben und nun für eine Weile – eine sehr begrenzte Weile – als eigenständige Lichtquelle aufleuchten. Jedes Lebewesen ist ein Funke vom Großen Göttlichen Feuer, das im Baum des Lebens durch Kether repräsentiert wird. Am Beginn eines jeden Lebensprozesses steht gewissermaßen ein Zündfunke, wie er das Benzingemisch zur Explosion bringt und damit die Bewegung des Motors in Gang hält. In der Natur ist der Akt der Zeugung einem solchen Zündfunken gleichzusetzen. Der Erzengel Gabriel sagt den Menschen unentwegt, daß alles im Universum Leben ist. Die Aschim wiederum sorgen als »Feuer-Funken« dafür, daß dieses Leben als Prozeß in Gang gesetzt wird und jede nur irgend mögliche Stelle im Universum davon durchdrungen wird. Die Aschim als die Funken des Großen Göttlichen Feuers geben durch ihre Existenz davon Kunde, das irgendwo ein Großes Göttliches Feuer brennt, dem sie entstammen, aber das von menschlichen Augen direkt weder gesehen noch erkannt werden kann.

Sandalphon und Auriel, die Erzengel von Malkuth

Im Baum des Lebens stellt Malkuth, »das Erdreich«, den Bereich dar, auf dem wir Menschen mit der ganzen Natur angesiedelt sind: die irdisch-materielle Ebene. Der Erzengel dieser Sphäre *Sandalphon* ist der zweite Erzengel, dessen Name aus der griechischen Sprache abgeleitet wurde. Sein Name bezeichnet den Ton, den die Sandalen beim Gehen auf der Erde hinterlassen. Nach kabbalistischer Tradition ist Sandalphon der Zwillingsbruder des Erzengels Metatron in Kether und er wird gleichgesetzt mit dem Propheten Elias, der ebenfalls wie Henoch, ohne mit dem Tod in Berührung zu kommen, direkt von Gott in seine Sphäre entrückt wird. (2. Könige, Kapitel 2). Sandalphon ist (wie auch auf einer höheren Ebene Metatron) für den Menschen

76

der Hinweis, daß es auch auf der irdisch-materiellen Sphäre möglich ist, sich direkt mit dem Göttlichen zu vereinen, und die Gebundenheit an die Materie kein Hindernis darstellt. In Sandalphon sind auch die Erzengel Auriel und Haniel enthalten. Sandalphon verkörpert in seiner Erscheinung den Planeten Erde mit allem, was auf diesem Planeten vorhanden ist, als ein Teil des großen Universums. *Auriel*, der Erzengel des Elements Erde, verkörpert die Erde als Lebensraum, als irdisch-materielle Sphäre der Verfestigung, auf der sich alle Lebensprozesse abspielen. Haniel wiederum, den wir bereits von der Sephira Nezach her kennen, steht für die auf dieser Erde sich abspielenden dynamischen Lebensprozesse. Haniel sorgt dafür, daß sich überall Leben – selbst unter schwierigsten Bedingungen – festsetzt. Wenn nach einem Vulkanausbruch auf den erkalteten Lavamassen sich die ersten Flechten als Lebewesen festsetzen, können wir darin die Spuren des Erzengels Haniel erblicken. Haniel sorgt buchstäblich dafür, daß auf der Erde nichts leer bleibt, sondern letztlich alles von der einen Großen Göttlichen Lebenskraft durchdrungen wird.

Die Engel von Malkuth, die *Cherubim*, stehen in enger Beziehung zu den vier lebenden Wesen von Kether. Sie werden als riesige geflügelte Kreaturen dargestellt, die einen Löwenkopf mit Menschengesicht tragen und einen Stierleib besitzen. Sie haben also große Ähnlichkeit mit dem ägyptischen Sphinx, in dem ja auch die Synthese der Materie aus den vier Elementen Feuer, Wasser, Luft, Erde dargestellt ist. Die Cherubim sind Ausdruck der Kräfte, die in der Form der vier Elemente zeigen, daß alles in der Natur, unter welcher Form es sich auch zeigt, göttlichen Ursprungs ist. Sie verkörpern das Wort »Gott ist in allem und alles ist in ihm«.

Diese eher rudimentären Beschreibungen der verschiedenen Ordnungen und Hierarchien der Engel kann für unsere Zwecke genügen, um so mehr, als in der esoterischen Tradition darüber keine Einigkeit besteht, sondern von den verschiedenen Autoren auch verschiedene Zuordnungen und Einteilungen überliefert werden. Diese Informationen jedenfalls helfen uns, wenn wir nun unsere erste praktische Arbeit mit den Kräften der Engel beginnen.

Praktische Arbeit mit der Kraft der Engel

Das vorhergehende Kapitel hat sehr viele Informationen vermittelt, die aufzunehmen und zu verarbeiten sicher nicht gerade leicht sein wird. Ich kann mir gut vorstellen, daß Sie die Frage stellen, ob denn diese ganze Fülle an Theorie und Philosophie auch wirklich notwendig ist, um mit der Kraft der Engel im Alltag zu arbeiten. Ich denke aber, Sie können sich am Ende dieses Kapitels selbst eine Antwort auf diese Frage geben.

Statt dieses recht unbefangenen, sogar etwas nüchtern klingenden Titels könnte dieses Kapitel auch die Überschrift tragen »Engelmagie«. Erfahrungsgemäß reagieren sehr viele Menschen recht emotional auf das Wort »Magie«, da sie diesen Begriff vorwiegend mit fragwürdigen Dingen assoziieren, die durchaus mit Magie in Verbindung gebracht werden können, aber letztlich nicht das *Wesen der Magie* zum Ausdruck bringen, ebensowenig wie das Auto, das gegen eine Leitplanke der Autobahn gefahren wurde, damit das Wesen des Autos mit all unseren Assoziationen repräsentiert. Man kann zwar durchaus ein Auto zum Wrack fahren, das ist *eine* Möglichkeit, aber dafür ist das Auto eigentlich nicht gedacht und hergestellt. Genauso verhält es sich mit Magie. Magie ist nur ein anderes Wort für »praktische Arbeit mit psychischen Energien«. Seine Wurzel hat der Begriff »Magie« in der persischen Sprache. Er ist abgeleitet aus dem Begriff »mag«, was »kneten« bedeutet. Bäcker und Töpfer kneten ihr Arbeitsmaterial Teig und Lehm, um es zu verändern, das heißt ihm eine andere gewollte Form zu geben. So ist magisches Handeln immer ein Handeln, das eine Veränderung bewirkt oder bewirken soll und das heißt wiederum, jede praktische Arbeit, die eine Veränderung mit sich bringt – und das dürfte für die Mehrzahl der Arbeiten in unserem Alltag zutreffen – sind in diesem Sinne magische Arbeiten. So läßt es sich durchaus rechtfertigen, daß statt des Wortes »Engelmagie« hier der Begriff »praktische Arbeit« verwendet wird. Es ist hier nicht der Ort, um Grundlagen und Wesen der Magie näher zu erläutern. Wer sich dafür näher interessiert, den verweise ich auf das Kapitel »Magie« in meinem Buch »Sieben Säulen der Esoterik« (Verlag Hermann Bauer, Freiburg i. Br.). Dort ist all das bereits gesagt, was hier zu wiederholen wäre. Die praktische Arbeit mit der Kraft der Engel ist eine Magie, die ich im Unterschied zur Ritual-Magie *Telesmatische Magie* nennen möchte. Obgleich sich Ritual- und Telesmatische Magie in manchen Punkten überschneiden und auch zu einer Synthese gelangen können, so möchte ich den Leser doch darauf hinweisen, daß es von Vorteil ist, wenn er – vorerst – zwischen diesen beiden Gebieten der Magie eine strikte Trennung beachtet. Grob ausgedrückt, aber für den vorliegenden Zweck durchaus genügend, kann man den Unterschied zwischen Ritual-Magie und Telesmatischer Magie auf folgende Art beschreiben: Stellen Sie sich einmal vor, ein Mensch verfällt nach einer anstrengenden Arbeit in einen Zustand der Müdigkeit. Er sieht sich gezwungen, eine Pause zu machen, um seine Kräfte zu regenerieren. Dieser Mensch kann sich im Augenblick nichts Schöneres und Besseres vorstellen, als hinauszugehen in die weite Natur, eine lange Wanderung oder zumindest Spaziergang zu machen, um sich dort zu erholen und mit neuen Kräften nach einer Weile zurückzukehren. Aber leider erlauben ihm die Umstände nicht, diese Wanderung auch wirklich durchzuführen – wahrscheinlich, weil zu wenig Zeit zur Verfügung steht oder weil er seinen Arbeitsplatz momentan nicht verlassen kann. Er muß sich also unter diesen einschränkenden Bedingungen erholen. Er kann vielleicht hinaus in den Garten gehen und dort ein paar Schritte im Kreis um den Rasen herumgehen. Er kann die Arme ausstrecken, sich dehnen und recken und sein Gesicht der Sonne entgegenhalten und da die Zeit zu knapp bemessen ist, um durch längeres Gehen seine Muskelverspannungen zu lösen, kann er die Glieder schütteln, etwas, das er nicht an jedem beliebigen Ort tun kann, ohne aufzufallen, das aber in diesem Fall doch etwas von der gewünschten Wirkung zeigt. Er kann keine große Wanderung unternehmen, aber statt dessen mit der nötigen Bewußtheit ein paar Schritte tun, *als ob* er auf dieser Wanderung wäre. Das »Ritual«, das er mit dieser Handlungsweise im kleinen Garten ausführt, ist die symbolische Darstellung der größeren Wanderung, die der Ritual-Magier in Tat und Wahrheit eben nicht durchführen kann.

Der telesmatische Magier hingegen löst das Problem auf eine andere Weise. Er verläßt seinen Schreibtisch nicht, um eine andere Umgebung aufzusuchen oder setzt sich höchstens auf einen etwas bequemeren Stuhl, der möglicherweise in einem anderen Zimmer stehen kann. Er lehnt sich in diesem Stuhl zurück, entspannt sich, schließt die Augen und stellt sich die Landschaft vor, die er durchwandern möchte. Sein inneres Auge *sieht* die Landschaft, sein inneres Ohr *hört* die Geräusche – das Zwitschern der Vögel oder das Murmeln des Baches – und bei einigem Training empfindet seine innere Nase den würzigen Duft des Grases und den harzigen Geruch der Tannenwälder. Auf diese Weise gelingt es ihm, regenerierende Kräfte in sich selbst zu wecken und er wird sich wahrscheinlich am Ende der Pause ebenso erfrischt fühlen wie sein Kollege, der aus dem Garten zurückkommt. Wie schon gesagt, drückt dieses Beispiel nur grob den Unterschied

81

zwischen Ritual-Magie und Telesmatischer Magie aus, doch für unsere Zwecke genügt es, zu verstehen, daß sich die Telesmatische Magie, zu der auch die in diesem Buch beschriebene Engelmagie gehört, auf einer grundsätzlich anderen Ebene abspielt, als Ritual-Magie.

Magie ist eine durchaus natürliche Sache. Ja, man kann sogar sagen, daß es in der Magie nichts gibt, das nicht mit den Naturgesetzen in Übereinstimmung steht. Daß uns trotzdem manches an der Magie wundersam und unerklärlich erscheint, liegt nur daran, daß wir nicht imstande sind, die gültigen Naturgesetze bis zu einem so hohen Grade auszunützen und uns dienstbar zu machen, wie es dem trainierten Magier möglich ist. Was damit gemeint ist, läßt sich vielleicht mit folgendem Beispiel verständlich machen. Man stelle sich vor, man könne mittels einer Zeitmaschine in die Vergangenheit reisen, nehmen wir einmal an, ins siebzehnte Jahrhundert. Nehmen wir ferner an, es sei uns möglich, beliebige Gegenstände aus unserem heutigen Alltag des zwanzigsten Jahrhunderts mitzunehmen – einen Fernsehapparat etwa samt Videokamera, einen Kassettenrecorder oder ähnliche technische Geräte, die einen ganz selbstverständlichen Bestandteil unseres Lebens bilden, die aber im siebzehnten Jahrhundert nicht bekannt und auch nicht vorhersehbar waren . Die Menschen des siebzehnten Jahrhunderts werden, wenn wir ihnen diese technischen Geräte vorführen, dafür keine andere Erklärung haben, als daß es sich um Hexerei und Magie handelt, während für uns die gleichen Geräte absolut in Übereinstimmung mit den Naturgesetzen stehen.

Mit Magie wird eine Anwendung der Naturgesetze bezeichnet, die noch jenseits der Möglichkeiten liegt, die für die jeweils gegenwärtige Generation denkbar ist. Jeder erfahrene Magier weiß, daß er sein magisches Bemühen nie dazu benutzen kann, die Naturgesetze zu umgehen oder außer Kraft zu setzen. Was uns *heute* als Magie erscheint und so bezeichnet wird, kann durchaus technische Möglichkeit der Zukunft sein. Außerdem ist noch zu beachten, daß das Ziel der magischen Arbeit des mittelalterlichen Menschen in eine ganz andere Richtung ging, als das magische Bemühen von heute. Der mittelalterliche Magier war vor allem daran interessiert, auf die Materie einzuwirken und sie entsprechend seinen Wünschen und Bedürfnissen zu verändern, da ihm noch nicht die gleichen technischen Möglichkeiten zur Verfügung standen, wie uns heute. Für uns haben Maschinen und Apparate die Bearbeitung der Materie weitgehendst abgenommen. Die magischen Techniken von heute sind viel mehr dazu angetan, den Menschen in einen veränderten psychischen Zustand und damit zu einer *Bewußtseinserweiterung* zu führen. Und genau in diesem Sinne ist auch die praktische Arbeit mit den Engeln, die Engelmagie zu verstehen.

Erinnern wir uns des großen esoterischen Axioms, daß der Mensch als Mikrokosmos eine Analogie des Makrokosmos bildet. Das bedeutet für die Praxis, daß in jedem Menschen genau die gleichen Energien vorhanden und wirksam sind, die auch den großen Kosmos bestimmen. Engel sind also nach dem uns bekannten Gesetz der Bilder bildhafte Darstellungen dieser kosmischen Kräfte. Somit geht es jetzt um die Frage, wie diese Kräfte vom Menschen bewußt gehandhabt und dienstbar gemacht werden können. Klar ist, daß es auch für niemanden in Frage kommen kann, *alle* in ihm vorhandenen Kräfte zu kontaktieren und entsprechend zu nutzen. Das scheitert zunächst an der für unsere menschlichen Begriffe unendlich erscheinenden Anzahl solcher Energien, aber auch daran, daß nicht alle im Universum vorkommenden Kräfte für den Menschen bekömmlich sind. Als grobe Einteilung läßt sich sagen, daß sich im Kosmos vor allem zwei Grundklassen von Energien in einer stetigen Auseinandersetzung gegenüberstehen, nämlich die Kräfte des Werdens und der Formung gegen die Kräfte der Vergänglichkeit und der Abbaus. Keine dieser beiden Klassen kann a priori als gut oder böse bezeichnet werden, vorteilhaft oder nachteilig, denn, um die ganze komplizierte Maschinerie des Universums im Gleichgewicht und in Funktion zu halten, braucht es beide Arten von Energien. Der Mensch ist von seinem Wesen her als Geschöpf und Abbild eines schöpferischen Prinzips (». . . Gott schuf den Menschen nach seinem Bild . . .«) mehr den Kräften des Aufbaus und der Formung zugewandt als den Kräften der Desintegration. Die Kräfte des Aufbaus und der Formung empfindet er als die Kräfte des Lebens, während die Kräfte des Abbaus und der Vergänglichkeit Vernichtung und Tod bedeuten, also negativ, lebensfeindlich bewertet werden. Die Kräfte des Aufbaus und der Formung werden mit den Engeln in Verbindung gebracht, während die Kräfte der Desintegration als dämonisch bezeichnet werden. Dabei ist zu beachten, daß eine Kraft, je nachdem, wo und wie sie in Erscheinung tritt, einmal als Engelkraft, aber auch wieder als dämonische Kraft in Erscheinung treten kann. Daraus folgt, daß eines der wichtigsten Probleme, die wir in der praktischen Arbeit mit den Engeln zu lösen haben, darin besteht, dafür zu sorgen, daß die Engel uns wirklich als Engel und nicht als Dämonen begegnen. Der Gefahr der dämonischen Transformation der kosmischen Kräfte waren sich die Menschen seit jeher bewußt. Um diese Gefahr abzuwehren, schufen sie in sich ausbalancierte geschlossene Systeme von Energien, welche eine möglichst günstige Voraussetzung bilden, daß die in diesen Systemen vorhandenen Kräfte nur in ihrer engelhaften Form in Erscheinung treten können, indem sie sich gegenseitig ausbalancieren und kontrollieren.

In der westlichen Esoterik sind vor allem zwei solche

Systeme in Gebrauch, das System der Astrologie mit Tierkreis und Planeten und das System, das wir im vorhergehenden Kapitel kennengelernt haben, der Baum des Lebens mit seinen zehn Sephiroth. Dieses System des Baums des Lebens wollen wir unserer praktischen Arbeit mit den Engeln zugrunde legen. Statt uns noch weiter in theoretischen Überlegungen zu verlieren, wollen wir nun gleich ein praktisches Beispiel durchführen und uns dann in einer anschließenden, eingehenden Analyse der Arbeit die nötigen theoretischen Kenntnisse aneignen.

Als Beispiel einer solch praktischen Arbeit wählen wir die *Sephira Jesod* und den ihr zugeordneten *Erzengel Gabriel*. Diese Sephira ist als magische Bewußtseinserweiterung für die meisten Menschen am leichtesten zu kontaktieren, weil sie sich unserem Standort in Malkuth am nächsten befindet und zudem in eine Bewußtseinsebene führt, die uns vom nächtlichen Traum her bereits bekannt ist.

Jede Reise – und dies gilt nicht nur für Reisen in die psychische und geistige Sphäre – besteht grundsätzlich aus vier Abschnitten. Zuerst muß die Reise *vorbereitet* werden, dann in der zweiten Phase wird sie *durchgeführt* und nach der Rückkehr werden die Erfahrungen und Erkenntnisse *analysiert* und *verarbeitet*. Diese vier Phasen sind unerläßliche Bestandteile jeder magischen Reise in psychischen Sphären. Die sorgfältige Beachtung dieser drei Phasen schützt auch am wirksamsten gegen unliebsame Überraschungen und fehlerhafte Resultate. Die Vorbereitungsphase besteht darin, über das Gebiet, das man bereisen will, möglichst viele Informationen zu sammeln, die dazu dienen, das nötige Rüstzeug bereit zu legen und mitzunehmen, das für dieses Gebiet geeignet ist. Auch auf einer psychischen Reise sollte es nicht zu einer analogen Situation kommen wie etwa, daß man mit Schnorchel und Schwimmflossen eine Felswand besteigen will und andererseits

85

mit Eispickel und Bergschuhen ins Meer schwimmen geht. So müssen wir in der Vorbereitungsphase zunächst alle Informationen über die Sephira Jesod und deren Energiefeld zusammentragen, die für uns nötig und nützlich sind.

Eine Beschreibung von Jesod, der Sphäre des Erzengels Gabriel, finden wir in der kabbalistischen Schrift mit dem Namen Sepher Jetzirah. Dort heißt es: »Der neunte Pfad heißt die sich zeigende Intelligenz. Diese sorgt für den Bestand der Reinheit der Sephiroth, indem sie deren Bilder konserviert. Sie gibt die Grundlage zu deren Einheitlichkeit, um sie vor Zerfall oder Zerstörung zu schützen.« Wer nicht über entsprechende kabbalistisch-esoterische Grundkenntnisse verfügt, braucht sich keine Vorwürfe zu machen oder ein schlechtes Gewissen zu haben, wenn ihm diese Sätze unverständlich erscheinen. Wir müssen diese Grundaussage des Sepher Jetzirah zunächst in unsere Sprache – und das bedeutet auch in die Sprache dieses Buches – übersetzen. So ergeben sich drei Aussagen:

1. Gott oder das Göttliche zeigt sich in und durch Jesod.
2. Dieses Göttliche zeigt sich durch ganz bestimmte Bilder, die für den Menschen wahrnehmbar sind, aber nicht das Göttliche selbst bedeuten.
3. In den Bildern von Jesod wird sowohl die Struktur wie das Fließen der göttlichen Energie (d. h. Einheitlichkeit) für die menschliche Sphäre konserviert.

Auch diese drei Sätze wollen wir nach Möglichkeit noch weiter verdichten, bis wir sogenannte Schlüsselworte zur Verfügung haben, die uns das Wesen von Jesod plastisch und faßbar vor Augen führen. In Jesod zeigt sich also Gott oder das Göttliche, das das Wesen des Kosmos überhaupt ist. Nach einem Axiom der

86

Esoterik ist das Wesen des Kosmos Leben, so daß der Begriff »Leben« als ein Synonym für Gott oder das Kosmische herangezogen werden kann. Nun heißt es im jetziratischen Text aber deutlich, daß sich Gott oder das Göttliche in und durch Jesod *zeigt* und nicht, daß Jesod dieses Göttliche oder Kosmische ist oder bedeutet. Somit können wir fragen: Wie zeigt sich Leben auf unserer materiellen Ebene? Die Antwort ist: Dadurch, daß etwas *lebendig* ist. Mit dem Wort *Lebendigkeit* haben wir das umfassende Schlüsselwort für die Sephira Jesod herausgearbeitet. Damit die menschlichen Sinne wahrnehmen können, ob etwas lebendig ist oder nicht, muß dieses Etwas zwei Voraussetzungen erfüllen: es muß eine Form haben und diese Form muß sich aus sich selbst heraus bewegen. Natürlich treffen diese beiden Kriterien auch für technische Apparate und Maschinen zu, so daß wir noch ein drittes Kriterium für die Bestimmung von Leben heranziehen müssen, nämlich ein lebendiges Wesen muß fähig sein, aus sich selbst heraus neues Leben zu erzeugen und sich fortzupflanzen. Da Fortpflanzung bei den höheren Lebewesen durch Sexualität geschieht, wissen wir auch schon, daß die Sexualität in der Sephira Jesod eine wichtige Rolle spielt.

Die Lebendigkeit von Jesod zeigt sich in zwei Formen, von denen jede durch je eine der beiden Sephirot Nezach und Hod bestimmt wird. Aus deren Zusammenfluß entsteht auf der mittleren Säule die Sephira Jesod, Nezach und Hod. Lebendigkeit kann sich zunächst einmal rein dadurch zeigen, daß sie vorhanden ist, als *Potential* gewissermaßen. Dieses Potential wäre dann etwa einer Taschenlampenbatterie vergleichbar, in der ja der elektrische Strom auch vorhanden und konserviert ist, bereit zu fließen, wenn er gebraucht wird. Dieses *Fließen* ist dann der andere Aspekt der Lebendigkeit, der das vorhandene Potential in Bewegung zeigt. Lebendigkeit als Potential kann mit dem Wort »Lebenskraft« zum Ausdruck gebracht werden.

Und diese Lebenskraft kann entweder fließen oder sie kann in einem Stau- oder Spannungszustand gehalten werden. Beides zusammen, das vorhandene Potential der Kraft und das Fließen dieser Kraft, ergibt die *Einheit*, auf die im jetziratischen Text Wert gelegt wird. *Lebendigkeit* als *Potential* und *Bewegung* verbunden mit *Sexualität* ist denn auch der Ausgangspunkt für unsere Amplifikation der Symbol- und Bilderfindung für die Reise nach Jesod.

Es sprechen verschiedene Gründe dafür, besonders bei demjenigen, der in dieser Art magischer Arbeit noch über wenig Erfahrung verfügt, die weitere Vorbereitung vorläufig auszusetzen und die Welt von Jesod mit seinem Erzengel Gabriel direkt auf einer geführten Reise zu erleben. Danach, in der Phase der Analyse des Erfahrenen, kommen wir dann ausführlich auf diese Bilder und Symbole zurück, die vor dem Hintergrund des Erlebten viel besser verstanden und erfaßt werden können.

Vorbereitung

Zunächst ist es nötig, die für die Reise notwendigen äußeren Bedingungen zu schaffen, oder um ein gängiges Fremdwort zu gebrauchen, das »setting«. Die Voraussetzungen sind vor allem ungestörte Ruhe und Entspanntheit. Ferner empfehle ich – wenigstens für den Anfang – ein abgedunkeltes Zimmer oder, wenn dies nicht möglich sein sollte, die Augen mittels einer Augenbinde oder eines dunklen Tuchs zu bedecken, da die Bilder vor einem dunklen Hintergrund leichter und plastischer in Erscheinung treten. Dann suchen Sie sich eine Körperhaltung, in der Sie sich mindestens eine halbe Stunde locker und bequem aufhalten können. Ich empfehle dazu die sogenannte Droschkenkutscherhaltung (siehe Abbildung), die sich in dieser Beziehung als sehr geeignet erwiesen hat.

88

Nicht zu empfehlen ist das Hinlegen, denn es besteht die Gefahr des Einschlafens oder Wegdösens ins unkontrollierte Unbewußte. Beides sollte aus Gründen, die noch zu erläutern sein werden, nicht eintreten. Sie haben nun die Wahl, den nachfolgenden Text »Die Reise zum Erzengel Gabriel« mehrere Male aufmerksam durchzulesen und sich möglichst viele Einzelheiten einzuprägen oder sie können – und für den Anfang halte ich dies für empfehlenswerter – den nachfolgenden Text auf eine Tonbandkassette von ca. 1 Stunde Dauer sprechen.*

Immer wenn im Text (...) erscheint, schalten Sie einige Augenblicke Pause ein, die es Ihnen ermöglichen, das Erscheinungsbild der Sie umgebenden Eindrücke wahrzunehmen und genau zu betrachten. Dieses Tonband hören Sie dann während der Reise ab, und Ihr Gedächtnis wird dadurch entlastet. Manche Menschen fühlen sich durch den Klang ihrer eigenen Stimme irritiert. Sollte dies der Fall sein, dann lassen Sie sich den Text von jemandem, dessen Stimme Ihnen

---

* Geführt von Hans-Dieter Leuenberger, sind die Reisen zu den vier Erzengeln Gabriel, Michael, Raphael und Auriel auch als Tonbandkassetten im Verlag Hermann Bauer erschienen (zu beziehen über den Buchhandel oder direkt beim Verlag).

sympathisch ist, gemäß Ihren Regieanweisungen auf das Tonband sprechen.

Etwas vom Unangenehmsten, was einem auf solchen Reisen zustoßen kann, sind unerwartete und plötzliche Störungen. Deshalb checken Sie noch einmal durch: Ist die Hausklingel abgestellt, das Telefon blockiert oder auf automatische Beantwortung geschaltet? Sind eventuell anwesende Familienmitglieder darüber instruiert, daß Sie in der nächsten Stunde auf keinen Fall gestört oder angesprochen werden wollen? Sind diese äußeren Bedingungen erfüllt, kann die Reise beginnen. Sie nehmen die gewählte Körperhaltung ein, sorgen für die Abdunkelung des Gesichtsfeldes und widmen die ersten Minuten vorerst der bewußten Entspannung. Fangen Sie bei den Füßen, bei den Zehen an und steigen Sie langsam den Körper hoch bis zur Kopfhaut am Scheitel und lassen Sie alle Körperpartien, soweit Ihnen das gelingt, einfach los. Sollte diese Entspannung bei irgendeinem Körperteil nicht auf Anhieb gelingen, dann bleiben Sie nicht dort, sondern gehen einfach weiter. Sie werden erfahren, daß dies bei andauernder Übung kein Problem mehr sein wird. Wenn Sie den Eindruck haben, daß Sie auf diese Weise genügend vorbereitet sind, dann setzen Sie das vorbereitete Tonband in Bewegung. Alle diesbezüglichen Bedingungen, Lautstärke usw., sollten vorher fixiert sein. Jede unnötige Bewegung im Verlauf der Reise sollte nach Möglichkeit vermieden werden. Hören Sie nun dem nachfolgenden Text ganz genau zu und versuchen Sie, das, was er schildert, sich möglichst genau in möglichst vielen Einzelheiten vor Ihrem inneren Auge plastisch vorzustellen.

Die Reise zum
Erzengel Gabriel

»Sie entspannen sich, soweit das geht und fangen damit am besten bei den Füßen an und steigen dann den ganzen Körper hoch. Die Augen sind geschlossen. Sie werden noch einige Eindrücke Ihrer Netzhaut vor Ihrem inneren Auge sehen, die dort haften. Diese Bilder werden jetzt immer schwächer, ihre Konturen und Farben verwischen sich, bis Sie vor Ihrem inneren Auge nur noch eine gleiche graue Fläche haben, wie Nebel. Aus dieser grauen Fläche heraus kommt jetzt eine Kraft [*wenn Sie in dieser Phase Musik verwenden, kann das Wort ›Kraft‹ durch ›Ton‹ ersetzt werden*] und Sie lassen sich von dieser Kraft einhüllen, wie von einem Schal. Sie werden leichter und leichter, bis Sie schwerelos zu schweben beginnen. Die Erde versinkt unter Ihnen und Sie erheben sich hoch in die Luft (. . .). Unter Ihnen ziehen Wälder vorbei, Gebirge, Städte, Seen und Flüsse und Sie sehen, daß Sie in eine ganz bestimmte Richtung gezogen werden, ganz von selbst fliegen Sie dorthin (. . .). Und dann merken Sie, daß sich Ihr Flug langsam zur Erde zu neigen beginnt. Ganz allmählich werden Sie wieder schwerer und schwerer (. . .). Und dann setzen Sie sanft auf den Boden auf und Sie befinden sich am Ufer eines großen Wassers. Die Wellen schlagen leise vor Ihre Füße und Sie bemerken, daß nicht weit von Ihnen eine Barke wartet. Die Barke ist dunkel, fast halbmondförmig gebogen, nicht unähnlich einer venezianischen Gondel und doch wieder ganz anders. Und diese Barke trägt ein silberglänzendes Segel und darin ist ein Fährmann am Ruder, der Sie jetzt mit einer Handbewegung einlädt, die Barke zu besteigen. Sie gehen an Bord und sobald Sie dort sind, legt der Fährmann ab und steuert hinaus auf das große Wasser. (. . .) Es ist Nacht. Hoch oben am Himmel steht der Vollmond mit einer fast unbeschreiblichen Lichtintensität und das sanftgewellte Wasser um die Barke herum reflektiert dieses Mondlicht tausendfältig mit gleißendem Glanz. Der Fährmann steht hinter Ihnen im Heck der Barke und Sie hören das ruhige, rhythmische Geräusch seines Ruders. Von vorne, vom Bug der Barke her, dringt das leise platschende Geräusch der Wellen, die vom Kiel der Barke durchschnitten werden. Sie haben jegliches Gefühl für Zeit verloren und wissen nicht mehr, wie lange Sie schon auf diesem großen Wasser schwimmen (. . .).

Nach einer Weile merken Sie im Lichte des Vollmonds die dunklen Konturen des anderen Ufers. Die Uferlinie wird differenzierter, rückt näher und dann setzt der Kiel der Barke ganz sanft auf Grund. Sie steigen aus und betreten das andere Ufer. Vor Ihnen öffnet sich ein Weg und der Fährmann deutet mit einer Handbewegung, daß Sie diesen Weg gehen sollen. Es ist tiefe Nacht, aber ein wunderbarer glitzernder Sternenhimmel, vom Vollmond erhellt, wölbt sich über Ihnen. In diesem Lichte können Sie alle Dinge, auch wenn es dunkel ist, klar und deutlich erkennen. Der Fährmann sitzt in Ruhestellung im Heck der Barke. Er wird hier auf Sie warten, bis Sie wiederkommen, um Sie sicher zurückzubringen in Ihre Welt. Der Weg, den der Fährmann Ihnen gewiesen hat, ist ein Hohlweg zwischen im

Mondlicht hell schimmernden Sanddünen. Er ist nicht lang und schon nach einigen Schritten stehen Sie vor einer bogenförmig gewölbten Grotte. Zuerst mag Ihnen diese Grotte wie ein dunkler Schlund vorkommen, der Sie zu verschlingen droht. Aber dann bemerken Sie, daß im Innern dieser bogenförmigen Grotte aus dem Felsen gehauene Stufen sanft nach oben führen. Sie beginnen, diese Treppe zu besteigen, es sind neun Stufen. (. . .) Nach der letzten Stufe stehen Sie vor einem parabelförmigen geschlossenen Tor. Die Torflügel sind ein Mosaik aus großen und unregelmäßig gebrochenen Spiegelgläsern, deren aneinander gefügte Bruchlinien mit schwarzen und violetten Edelsteinen markiert sind. Jede Spiegelscherbe reflektiert einen Teil Ihres Körpers. Im ersten Anblick erscheint es Ihnen, als ob Ihr Spiegelbild den einzelnen Gläsern entsprechend in viele, viele einzelne Teile aufgesplittert sei, aber dann gelingt es Ihnen bei etwas längerer Betrachtung, diese vielen Einzelheiten bis zur Ganzheit Ihres Körpers zusammenzusetzen. Sie bleiben eine Weile vor dem geschlossenen Tor, betrachten Ihr Spiegelbild und lassen es auf sich wirken (. . .).

Nun heben Sie den Arm und klopfen neun Mal an das Tor. Es öffnet sich sogleich weich und geräuschlos. In der Türöffnung steht ein kräftiger, nackter Mann mit erigiertem Penis. Es mag durchaus sein, daß dieser unvermutete Anblick, diese Begegnung Sie erschreckt und in eine Art Schockzustand versetzt. Lassen Sie sich Zeit, sich an diesen Anblick zu gewöhnen, indem Sie sich erlauben, die Gestalt dieses Mannes zu betrachten und sich auch von ihm betrachten lassen (. . .).

Der Mann tritt beiseite und lädt Sie mit einer Handbewegung ein, durch das Tor zu treten. Gleich nach dem Tor erblicken Sie an der linken Seite aufgereiht Sandalen der verschiedensten Art und Größe, die einen reich verziert, die anderen schlicht und einfach, einige haben eine dicke Sohle und bei manchen ist die Sohle hauchdünn. Der Mann deutet auf diese Reihe von Sandalen und Sie verstehen dies als Aufforderung, sich Ihres Schuhwerks zu entledigen und sich ein Paar dieser Sandalen – das Ihnen am besten gefällt und entspricht – auszuwählen und anzuziehen (. . .).

Sobald Sie die Sandalen an Ihren Füßen festgebunden haben, schließt der Mann die Torflügel, bedeutet Ihnen mit der Hand nach vorne zu gehen und Sie betreten den ›Garten der Düfte‹. Sie gehen hinaus in den vom Mondlicht durchfluteten Garten und ein Schwall der verwirrendsten Düfte drängt sich Ihnen entgegen. Sie bemerken eine Vielzahl von Pflanzen, die Sie vielleicht teilweise kennen, aber die Mehrzahl ist Ihnen sicher unbekannt. Scheinbar planlos sind ab und zu aufrecht stehende Steine wie kleine Menhire aufgestellt und an Ihr Ohr dringt das Murmeln von Wasser, vielleicht von einem kleinen Bach, dessen Verlauf Sie aber nicht sehen können, sondern höchstens erahnen, aus dem Standort verschiedener Weidensträucher, die entlang dem sonst unsichtbaren Wasserlauf stehen. (. . .) Sie folgen verschlungenen, manchmal kaum erkennbaren kleinen Pfaden, die nach einem undurchschaubaren, zufällig erscheinenden Muster angelegt sind. Der Boden ist dicht mit Brunnenkresse bewachsen. Ab und zu vernehmen Sie ein Rascheln in dem dicken Gebüsch- und Pflanzenteppich, in dem Ihre Füße manchmal versinken, und plötzlich merken Sie, daß mit diesem raschelnden Geräusch eine kleine Schlange den vor Ihnen liegenden Pfad überquert. Aber Sie empfinden keine Angst, denn zutiefst wissen Sie, daß diese Schlangen Ihnen nicht gefährlich werden können. Diese kleinen Reptilien sind zwar da, aber ihrerseits froh, wenn Sie sich nicht näher mit Ihnen einlassen, sie in Ruhe lassen. In einiger Entfernung weckt eine große Trauerweide mit weitausladenden Ästen Ihr Interesse. Sie gehen darauf zu und sobald Sie dort angelangt sind, bemerken Sie, daß diese weitausladenden Zweige eine dunkle Grotte bilden, in deren Innern Sie zwei Gestalten erblicken.

Sie erkennen eine Frauengestalt, in einen dunkelvioletten Mantel gekleidet, und an ihrer Stirn trägt sie ein silbernes Diadem in Form eines Halbmonds, das mit beiden Hörnern nach oben gebogen erstrahlt. Im Schoß der Frau ruht der Kopf eines Jünglings, dessen Schönheit unvergängliche Jugend ausstrahlt und der in tiefem Schlaf versunken nicht zu bemerken scheint, wenn ihn die Frau mit einer zärtlichen Bewegung berührt oder in einer spontanen Neigung ihr langes schwarzes Haar über sein Gesicht gleiten läßt. Der Anblick dieser beiden ist von einer überwältigenden Schönheit und Eindrücklichkeit und Sie gehen auf Zehenspitzen an der Trauerweide vorbei, um die innige Versunkenheit der beiden nicht zu stören. (. . .) Nun merken Sie, daß Sie sich an einer Weggabelung befinden. Der Pfad zur rechten Hand führt in eine dschungelartige Wildnis, aus der die seltsamsten und undefinierbarsten Geräusche und Töne an Ihr Ohr dringen. Links führt der Weg zu einer breiten Freitreppe mit neun Stufen, die hinaufführen zu einem tempelartigen Rundbau mit Kuppel. Einen Augenblick lang fühlen Sie den starken Sog und die verlockende Faszination, die vom Pfad ausgeht, der sich nach rechts in der Wildnis verliert. Dann aber wenden Sie sich nach links und steigen die neun breiten Stufen empor zum Tempel von Jesod. Die Treppe verläuft nicht gradlinig, sie ist auf beiden Seiten begrenzt von je einer sich nach außen öffnenden halbmondförmigen Balustrade. Die neunte und oberste Treppenstufe bildet zugleich eine kleine Terrasse und Sie stehen jetzt auf einem Mosaik, das kreisförmig die vier Mondphasen zeigt. Zuoberst der Vollmond, rechts der abnehmende Halbmond mit nach außen geöffneten Hörnern, zuunterst als dunkler Kreis der Neumond und links die ebenfalls nach außen geöffnete Sichel des zunehmenden Halbmonds. Wenn Sie wollen, können Sie sich noch einmal umdrehen und von dieser erhöhten Position aus einen Blick zurück werfen in den ›Garten der Düfte‹ (. . .).

Sie wenden sich jetzt zum Eingangstor des Tempels, das – seltsam genug – kreisförmig ist und in seiner Beschaffenheit ähnlich dem Spiegeltor, das den Zugang zur Sphäre von Jesod überhaupt ermöglichte. Wenn Sie mutig sind, können Sie jetzt einen Augenblick Ihr Gesicht in den Spiegeln betrachten und so feststellen, ob und wie der Gang durch den Garten der Düfte in Ihnen Veränderungen hervorgerufen hat, die sich jetzt auf Ihrem widerspiegelten Antlitz bemerkbar machen (. . .). Nun klopfen Sie neun Mal an das kreisrunde Spiegeltor. Das Tor öffnet sich geräuschlos, indem sich die bei-

Erzengel Gabriel

Erzengel Gabriel

Der Erzengel Gabriel trägt ein langes blaues Gewand mit einem silbernen Saum. Um seine Taille ist ein weiter roter Gürtel, der mit einer wappenförmigen Gürtelschnalle versehen ist, die seinen Namen in hebräischen Buchstaben trägt. Vor sich trägt Gabriel einen silbernen Kelch, der mit den Urwassern des Lebens gefüllt ist. Über diesem Kelch schwebt eine orange-gelbe Feuerflamme. Gabriel wird vor dem Hintergrund eines großen Sees visualisiert, mit dem aufgehenden Mond über seinem Haupt.

Erzengel Michael

Erzengel Michael

Der Erzengel Michael trägt eine Kleidung (ohne Helm), die derjenigen eines römischen Soldaten nachempfunden ist, ohne sie genau zu kopieren. Die vorherrschenden Farben sind Rot und Gold. Er hat strohfarbenes Haar und trägt goldene Sandalen mit Flügeln. In den Händen trägt er einen Speer mit hölzernem Schaft und mit einer Spitze, die eine Flamme ist. Er wird vor einem klar-blauen Himmel visualisiert. Im Zenit über seinem Haupt strahlt die Mittagssonne. Zu seinen Füßen windet sich eine Schlange, deren Kopf er mit seinem Fuß zu Boden drückt.

Erzengel Raphael

Erzengel Raphael

Der Erzengel Raphael trägt ein orangefarbenes Gewand, das vom Luftzug leicht bewegt wird. Er hat goldene Sandalen, mit Flügeln versehen (vergleiche die geflügelten Schuhe des Hermes). Seine rechte Hand umfaßt ein Schwert, das mit der Spitze auf den Boden gestellt ist. In der linken Hand trägt er eine kristallene Phiole, in der goldener Heilbalsam enthalten ist. Die Augen sind bernsteinfarben, das Haar ist weiß. Zu seiner rechten Seite wächst ein Haselstrauch mit kräftigen geraden Ästen (aus denen die Stäbe der Magier gefertigt werden). Über die Schulter trägt er einen Bogen und einen Köcher mit Pfeilen. Der Engel steht auf felsigem Grund. Der Himmel ist grau mit Kumuluswolken durchsetzt. Über seinem Kopf schwebt ein Adler.

Erzengel Auriel

Erzengel Auriel

Der Erzengel Auriel trägt ein braunes Gewand. Sein Gesicht ist dunkel, wie sonnenverbrannt. Er hat sattes, grünes Haar. In den Händen trägt er eine runde Holzschale, die mit Erde (Humus) gefüllt ist. Er steht vor einem wogenden Ährenfeld als Hintergrund. Der Himmel ist zweigeteilt: die linke Hälfte (vom Betrachter aus gesehen) ist Sonne, die rechte zeigt einen Regenhimmel. Über den ganzen oberen Himmel wölbt sich ein Regenbogen.

den Halbkreise, welche die Torflügel bilden, nicht nach innen, sondern zur Seite bewegen. Was Sie jetzt erblicken, mag Sie auf den ersten Moment hin vielleicht erschrecken oder verwirren, weil die Erscheinung so gar nicht in diese Welt paßt, wie Sie sie bisher kennengelernt haben. Vor Ihnen steht ein Engel, ganz so wie Sie sich Engel immer vorgestellt haben, mit langem Gewand und Flügeln. Aber die ganze Gestalt des Engels, sein Antlitz, sein Gewand, seine Flügel scheinen aus einem bewegten wirren Gemenge von sprühenden Feuerfunken zu bestehen. Seine Erscheinung zeigt Ihnen, daß dieser Engel ein Angehöriger der sogenannten Aschim, das heißt Feuerseelen, ist, einer Engelklasse, die der Sephira Jesod zugeteilt ist und der in dieser Eigenschaft hier die Aufgabe eines Türhüters wahrnimmt. Dieser Engel wird jedermann den Zutritt zum innersten Tempel von Jesod verwehren, der nicht über das entsprechende Paßwort verfügt.

Sie nähern sich dem Engel, neigen ein wenig Ihren Kopf vor und summen leise die Worte SCHADDAI EL CHAI [*der allmächtige lebende Gott*]. Indem Sie dieses Wort leise vibrieren, spüren Sie, wie von dem Engel her Funken auf Sie überspringen, die, einem Zündfunken vergleichbar, in Ihnen etwas in Bewegung setzen. Lassen Sie sich einige Augenblicke Zeit, um sich etwas intensiver mit dieser Wahrnehmung zu beschäftigen (. . .). Nun tritt der Engel beiseite und Sie betreten den Tempel von Jesod. Das erste, was Sie wahrnehmen, ist ein erneuter Schwall von Düften, ohne daß Sie vorerst noch imstande sind, deren Ursprung festzustellen. Aus dem Durcheinanderwogen der verschiedensten Düfte, die Sie wahrnehmen,

könnten sich zwei besonders bemerkbar machen: Entweder der Duft von Jasmin oder der
Duft von Moschus. Falls Sie imstande sind (was
oft erst nach einem längeren Training möglich
wird) Düfte in dem Bewußtseinszustand wahrzunehmen, in dem Sie sich jetzt befinden, so
lassen Sie sich einige Augenblicke Zeit, um das
herauszufinden. Dies dient dazu herauszufinden, von welcher Energiequalität Ihr Aufent-
halt im Tempel von Jesod geprägt sein wird.
Dominiert der Duft von Jasmin, so ist dies ein
Zeichen für Sie, daß Sie in diesem Augenblick
Jesod vor allem als die Welt der Bilder und der
Träume wahrnehmen. Riechen Sie aber vorzugsweise den Duft von Moschus, dann soll
Ihnen dies ein Zeichen dafür sein, daß in diesem Besuch von Jesod vor allem die Ebene der
Sexualität für Sie wichtig ist.

(...) Das Innere des Tempels ist von einem
ganz bestimmten Licht erfüllt, das sich nur
sehr schwer beschreiben läßt. Es ist seiner
Qualität nach ein Mondlicht, aber sehr viel
heller, aber es handelt sich nicht nur um reines
Mondlicht, denn der Anteil an Sonnenlicht, das
dieses Licht von Jesod ganz und gleichmäßig
durchflutet, ist unübersehbar. Dazu kommt
noch, daß dieses Licht offenbar die Einteilung
in Licht und Schatten nicht kennt. Alle Dinge
im Tempel und jeder Quadratzentimeter seines
Innern sind gleichmäßig von diesem Licht erhellt, unabhängig davon, wo der Standort ist.
Jetzt erkennen Sie auch, woher der Duft oder
die Düfte kommen, denn das Innere des Tempels hat eine große Ähnlichkeit mit einem
Wintergarten. Überall befinden sich seltsame
Blumen und Pflanzen, deren Gestalt Sie teilweise erkennen können, aber deren Aussehen

Ihnen auch vollkommen unbekannt sein kann. Sie sehen die hochaufgerichteten Nachtkerzen, deren geschlossene Knospen sich plötzlich ruckartig öffnen. Auch scheint die Gattung der Orchideen vorzuwiegen, von denen bei näherer Betrachtung etwas Kaltes, Abweisendes ausgeht. In der Mitte des Tempels befindet sich statt eines Altars ein ovalgeschwungenes Wasserbecken und auf der glasklaren, absolut stillen Wasseroberfläche, spiegelt sich der Vollmond, dessen Licht durch eine kreisrunde Öffnung im Zentrum der Kuppel in den Tempel hineinfließt.

Hinter dem Wasserbecken erhebt sich die mächtige Gestalt des Erzengels Gabriel. Er hat ein fahles, doch sehr lebendiges Antlitz, und sein Haar ist von gleicher Farbe wie das Licht, das überall den Tempel durchflutet. Gekleidet ist er in eine lange blaue Robe, die mit einem silbernen Rand umsäumt ist. Um die Taille trägt er einen roten Gürtel, auf dem in silbernen hebräischen Buchstaben sein Name steht. Auf der Höhe des Herzchakras trägt er einen silbernen Kelch, der gefüllt ist mit dem Wasser des Lebens. Über dem Kelch brennt stetig leuchtend eine orange-gelbe Flamme. [*Normalerweise zeigt sich der Erzengel Gabriel auf dieser Sphäre ohne Flügel. Da er sie hier zu seiner Identifizierung nicht benötigt. Falls er aber mit Flügeln erscheint, sind sie überall violett und gold gesprenkelt.*] Sie begrüßen Gabriel, indem Sie die Handflächen und Fingerspitzen aneinanderlegen, beide Hände nach vorne bewegen und dabei auf Schulterbreite öffnen. [*Die Geste erinnert an das Öffnen eines Vorhangs, bevor man ihn durchschreitet.*] Gabriel mustert Sie mit einem freundlichen, aber durchdringenden Blick, in dem Sie seine ungeheure Kraft spüren. Sie verstehen jetzt, warum der Name Gabriel ›Der Starke Gottes‹ heißt. Hinter ihm befinden sich drei geschlossene Tore, eines in der Mitte der Tempelwand, die beiden anderen links und rechts. Auf dem linken Tor steht groß und silbern der hebräische Buchstabe Resch ר, auf dem mittleren der Buchstabe Samek ס und auf dem rechten der Buchstabe Tsaddi צ. Noch während Sie ihn betrachten und bestrebt sind, seinem Blick standzuhalten, spricht der Erzengel:

›Mensch, du hast dich in deiner verfestigten und vergänglichen Form in dieses Heiligtum gewagt. Ich heiße dich im Namen des Großen All Einen willkommen. Vernimm dies als erste Lehre:

Nur der Mensch, der wagt, kann sich dem großen Geheimnis nähern. Jeder Schritt auf das große Göttliche zu ist mit dem Risiko und der Gefahr des Strauchelns oder gar des Sturzes verbunden. Und doch führt kein anderer Weg zum Ziel als dieser.

Eine der Gefahren ist, daß du das Licht in seinem höchsten Glanz zu erschauen nicht – noch nicht – ertragen könntest, so groß deine Sehnsucht und dein aufrichtiges Bestreben auch sein mögen. Darum steh ich hier, um dich zu schützen und vor unnötigem Ungemach zu bewahren.

Die Tore, die hinter mir sind, kann ich dir erst öffnen, wenn du genügend gerüstet bist und mit allem versehen, das du brauchst, um den Anforderungen der hinter den Toren verborgenen Pfade gewachsen zu sein. Darum warne ich dich davor, sie aufzubrechen, bevor du die Lehren, die ich dir jetzt geben werde, begriffen hast und du erfahren und vor dir selbst bewiesen hast, daß du sie in deinem Leben anwenden kannst.

Alles, was du bisher auf deinem Weg zu mir wahrgenommen und gesehen hast, ist Form und damit Ausdruck des einen großen Lichtes. ›Alle Dinge sind durch dasselbe gemacht und ohne dasselbe ist nichts gemacht, was gemacht ist‹, wie es im Heiligen Buch des Westens geschrieben steht.

Was wäre der Mond ohne das Licht, das auf ihn fällt? Ein lebloser Klumpen der Verfestigung, der unwahrgenommen und ohne Ziel durch das Universum irrt. Da aber das Licht auf ihn fällt wird er zum ›Träger des Lichtes‹, das sich in ihm spiegelt. Aber er ist nicht das Licht selbst. Darum lerne auf dieser Sphäre, daß du hier nichts aus dir selbst bist, daß du nur das Licht aufnehmen und widerspiegeln kannst; nicht du bist das Licht, sondern das Licht ist in dir und will durch dich leuchten. Wenn du dich der Großen Sonne nähern willst, dann lerne zuvor, Mond zu sein. Aber bedenke, so wie alles, was du auf dieser Sphäre wahrnehmen kannst, nur im Abglanz des Mondlichts wahrgenommen werden kann und ohne dieses Licht nicht zum Ausdruck seines Seins werden kann, so wird alles, was dir begegnet, dir nur so erscheinen, wie das Licht beschaffen ist, das du abstrahlst. Wenn du ein trüber verschmutzter Spiegel bist, kann auch das Licht nur trübe und verschmutzt durch dich leuchten und alles, was in deinem Schein sichtbar wird, trübe und verschmutzt und damit verzerrt sein. Und denke immer daran, daß es Menschen um dich herum gibt, die das Licht nur so erkennen können, wie du es abstrahlst.

Beständig strahlt nur das Licht der Sonne,

101

das Licht des Mondes ist dem Wechsel unterstellt. Auch darin ist der Mond ein Abbild deiner selbst. Solange du im Zustand der Verfestigung bist, kannst auch du das Licht nur wechselhaft widerspiegeln. Dir sind Phasen gegeben, da du dem Vollmond gleichst und die Kraft des Lichtes so hell aus dir leuchten kann, wie dies eben möglich ist. Aber es gibt auch die Zeit der Sichel und des völligen Nichtwahrnehmens des einen großen Lichtes, das ständig scheint. Darum nütze die Zeit, die dir gegeben ist, und bemühe dich vor allem in der Zeit der Sichel und des Nichtwahrnehmens um Klarheit, denn das Wesen des Universums ist Klarheit, die zur Form drängt. Es gibt nichts im Universum, was vom Menschen nicht verstanden werden kann, sofern es in Klarheit beleuchtet ist. Das Muster des Universums zeigt sich in den Mechanismen der Natur. Du bist imstande, sie zu lesen, sofern du dich um Klarheit bemühst. Bedenke stets, daß alles zur Form drängt, dies ist eine der Grundlehren dieser Sphäre. Bemühe dich deshalb stets um Klarheit der Gedanken, denn alles was du denkst, drängt dazu, sich zu verwirklichen. Sind deine Gedanken verschwommen, dienst du dem auflösenden Chaos, dem du auf dieser Sphäre immer unmittelbar nahe bist. Bemühe dich so zu denken, daß die Verwirklichung deiner Gedanken im Dienste des einen großen Lichtes geschieht, das alles geschaffen hat und auch dich aus dem Dunkel des Nichtseins herausgerufen hat zu *sein*. Darum verachte nicht den Zustand der Verfestigung, denn nur in diesem Zustand der Verfestigung kann in dir die Kraft wirksam werden, durch die alles geschaffen ist, durch die alles gemacht ist, was gemacht ist. Damit sage ich dir ein großes Geheimnis. Aber es wird von deinen beharrlichen Bemühungen abhängen, ob du es entschlüsseln kannst oder nicht.

Übe dich täglich darin, daran zu denken, daß du Licht vom großen Licht bist. Übe dich täglich darin, dich daran zu erinnern, daß du nichts tun könntest, wenn es dir nicht vom Licht gegeben ist. Übe dich täglich darin, aus dieser Erkenntnis heraus zu *handeln*.‹

Die Worte Gabriels verhallen im Raum des Tempels und in deinem Herzen. Nach einem kurzen Augenblick des Schweigens hebt Gabriel von neuem zu sprechen an:

›Wenn Du Fragen hast, so frage. Wenn es mir möglich ist zu antworten, so werde ich antworten.‹

[An dieser Stelle lassen Sie auf dem Tonband eine Pause, die auch nicht von Musik überbrückt ist. Geben Sie sich genügend Zeit zum Zwiegespräch mit dem Erzengel Gabriel. Eine Zeitspanne zwischen drei und sieben Minuten dürfte dazu ausreichen.]

[Die Antworten der Engel kommen nicht immer in klaren Worten. Oft bestehen sie in Gefühlen, in einer Durchdrungenheit von Erkenntnis oder einfach darin, daß Sie spüren, daß sich Ihre Energie ändert.] (. . .)

Sie wissen nun, daß Ihre Zeit im Tempel von Jesod zu Ende geht und Sie jetzt wieder in die Ihnen eigene Sphäre zurück müssen. Sie bedanken sich beim Erzengel, indem Sie noch einmal das gleiche Zeichen geben wie bei der Begrüßung und dann drehen Sie sich um und gehen den gleichen Weg zurück, den Sie gekommen sind. Er führt Sie zum Tor des Tempels hinaus, das der goldsprühende Engel wiederum hinter Ihnen schließt. (. . .) Sie gehen die breitgeschwungene Treppe mit den neun

Stufen, umsäumt von der sichelförmigen Balustrade, hinab, (...) durchqueren ohne anzuhalten den Garten der Düfte, (...) am Eingangstor zur Sphäre von Jesod wartet schon der starke Mann auf Sie, der, sobald Sie die Sandalen wieder mit Ihren Schuhen ausgetauscht und die Schwelle überschritten haben, das parabelförmige Tor hinter Ihnen schließt. (...) Nach wenigen Schritten stehen Sie erneut am Ufer des großen Wassers. Sie sehen die Barke mit dem Fährmann, die auf Ihre Rückkehr wartet, (...) Sie besteigen die Barke, der Fährmann steuert erneut hinaus auf das große Wasser. [*An dieser Stelle kann wieder Musik einsetzen.*] Wenn Sie das große Wasser überquert haben, stößt der Kiel der Barke auf Grund, Sie steigen aus, bedanken sich mit einer Geste oder mit Worten beim Fährmann und betreten das Ufer. Sie fühlen sich leichter und leichter werden, heben vom Boden ab und schweben dorthin zurück, woher Sie gekommen sind. (...) Erneut sehen Sie Felder, Wälder und Berge unter sich weggleiten, bis Sie spüren, daß sich allmählich Ihr Flug zur Erde neigt. (...) Sanft stoßen Sie auf dem Grund auf und werden gewahr, daß Sie in einem Raum sitzen. Sie fühlen die Schwere Ihres Körpers wieder, Sie testen einen Moment seine Bewegungsfähigkeit, bewegen die Zehen und die Fingerspitzen. (...) Atmen Sie einige Male tief durch, reiben Sie sich mit der rechten Hand im Gegenuhrzeigersinn [*von Ihnen aus gesehen*] die Stirne oberhalb der Nasenwurzel und öffnen Sie dann die Augen. Zur Bekräftigung, daß Sie wieder in der körperlichen Sphäre sind, schlagen Sie mit dem rechten Fuß oder der rechten Hand zehnmal auf den Boden.«

Wenn Sie diese Arbeit genau nach den angegebenen Anweisungen ausgeführt haben, dann haben Sie eine magische Arbeit getan – vielleicht ihre erste. Das Wesen einer magischen Arbeit ist, daß sie mit *Bewußtheit* ausgeführt wird und zu einer *Veränderung* führt. Die Bewußtheit dieser Arbeit zeigt sich vor allem darin, daß derjenige, der sie durchführt, sich nicht einfach spontan einem Trip überläßt, in der Weise »Ich bin neugierig, was da kommt«, sondern daß alle Voraussetzungen zu dieser magischen Arbeit vom Willen des »Magiers« *bewußt aufgebaut* worden sind. Das bedeutet für die Praxis, daß die eigentliche magische Arbeit bereits in der Vorbereitungsphase beginnt, also dann, wenn es darum geht, die für die bevorstehende Reise auf eine andere Bewußtseinsebene notwendigen Requisiten, Symbole und Bilder bereit zu legen. Um zu zeigen, wie wichtig diese Vorbereitungsphase ist, wollen wir diese magische Arbeit einmal in allen Details analysieren.

Analyse

In unserem Falle war das magische Ziel die Kontaktaufnahme mit dem Erzengel Gabriel. Da der Erzengel Gabriel im geschlossenen System des kabbalistischen Baums des Lebens mit der Sephira Jesod verbunden ist, bedeutet die Begegnung mit dem Erzengel Gabriel gleichzeitig eine »magische Reise in die Sphäre von Jesod«. Mit anderen Worten, zuerst muß von unserer Seite her das Energiefeld von Jesod aufgebaut werden, das der kosmischen, göttlichen Kraft ermöglicht, sich in der Form des Erzengels Gabriel zu manifestieren. Man kann dies etwa vergleichen mit der Situation eines Hochsommertages mit grellscheinender Sonne irgendwo in einer weißgestrichenen südlichen Stadt.

Das Licht der Sonne scheint für unsere Augen dermaßen grell von allen Seiten her direkt und indirekt, daß es beschwerlich und unangenehm sein kann, die Umgebung direkt, ohne Hilfsmittel, zu betrachten. Ein solches Hilfsmittel ist eine Sonnenbrille. In unserem Falle vielleicht eine blau-violette. Die entsprechend eingefärbten Gläser der Sonnenbrille reduzieren die Intensität des direkten Sonnenlichts, in dem alle Farbfaktoren, die nicht den Gläsern entsprechen, herausgefiltert werden. Dank dieser Reduzierung des vollen Sonnenlichts auf nur einen Teil dieses Ganzen können wir die Welt um uns herum betrachten, ohne geblendet zu sein. So wird denn auch im Baum des Lebens das Eine Große Licht von Kether wie durch ein Prisma geleitet, das dieses Licht differenziert und in seine einzelnen Komponenten zerlegt.

Das Resultat ist in diesem Falle nicht die Farbqualität der betreffenden Sephira, sondern die Energieschwingung der betreffenden Sephira, die sich als sogenannte planetarische Kraft zeigt (astrologisch gesehen werden alle Gestirnsfaktoren als Planeten bezeichnet). In Jesod ist das Wesen der betreffenden Sephira *Kraft* und *Lebendigkeit*, die beide durch die planetarische Energie des Mondes erfahren werden. Mond ist der Bestandteil des Sonnenlichts, der für unsere magischen Bemühungen herausgefiltert wird. Dies ist das Grundthema der eben durchgeführten magischen Arbeit.

Da magische Arbeiten dieser Art vorwiegend am System des kabbalistischen Baums des Lebens entwikkelt worden sind, tragen sie in der Esoterik die Bezeichnung *Pfadarbeit*. (Nach dem kabbalistischen Sprachgebrauch umfaßt der Baum des Lebens zweiunddreißig Pfade, nämlich die zehn Sephirot und die zweiundzwanzig eigentlichen Verbindungspfade.) Jede Pfadarbeit besteht aus vier Phasen:

1. Die Entäußerung
2. Die Brücke
3. Die Arbeit in der betreffenden Sphäre.
4. Die Rückkehr.

In der ersten Phase, die ich Entäußerung nenne, geht
es darum, das Bewußtsein allmählich von der Sphäre zu
lösen, in der sich der Magier gerade befindet, zum
Beispiel die aktuelle Tagesrealität mit all ihren Umständen und Forderungen. Im Anfang wird diese Phase
am besten mit einem umfangreichen Entspannungsprozeß verbunden. Gerade diejenigen, die sich als Anfänger bemühen, diese magischen Techniken zu nutzen, tun gut daran, diesen Entspannungsprozeß nicht
abzukürzen oder gar zu überspringen. Mangelnde Entspannung und dadurch bewirkte ungenügende Loslö-
sung von der jeweils herrschenden Tagesenergie können der Grund sein, daß es nicht gelingt, den astralen
Tempel aufzubauen oder daß seine Tore verschlossen
bleiben. Später, wenn genügend geübt worden ist,
kann die Phase der Entäußerung auch spontan herbeigeführt werden, ohne langen vorhergehenden Entspannungsprozeß. Wer dieses Stadium erreicht hat,
kann Pfadarbeit beinahe an jedem Ort und unter fast
allen Umständen durchführen. Zum Beispiel in der
Eisenbahn, in einer überfüllten Passagierhalle am
Flughafen, während man auf den verspäteten Abflug
wartet, bei einem Spaziergang und bei manchen anderen Gelegenheiten.
    Die zweite Phase einer magischen Pfadarbeit trägt
den Namen »Die Brücke«. Diese Phase kann, besonders von jemandem der mit dieser Art Arbeit noch
nicht so vertraut ist, nicht wichtig genug genommen
werden. Aufgabe der Brücke ist es, den Übergang vom
Tagesbewußtsein in einen veränderten, in diesem Fall
astralen Bewußtseinszustand so stark zu markieren, daß
die Grenze zwischen beiden Bewußtseinszuständen je-

107

derzeit und unter allen Bedingungen erkennbar bleibt. Besonders für die Rückkehr aus dem veränderten Bewußtseinszustand ist dieser Grenzübergang von besonderer Bedeutung. Die Phase der Brücke kann durchaus mit dem Vorgang des Auftauchens beim Tauchsport verglichen werden. Ein Taucher, der sich eine gewisse Zeit in einer größeren Wassertiefe aufgehalten hat, muß bei seinem Rückweg an die Wasseroberfläche in gewissen Tiefen Wartestationen einschalten, damit sich sein Organismus wieder an die Bedingungen oberhalb der Wasseroberfläche anpassen kann. Versäumt er diese Stationen, so kann der Körper ernsthaften Schaden erleiden. Nun bedeutet das Überspringen der Brücke bei einer magischen Pfadarbeit sicher keine Lebensgefahr. Aber für das psychische Wohlbefinden des Menschen ist es notwendig, daß die verschiedenen Bewußtseinsebenen so genau wie möglich auseinandergehalten werden. Ist dies nicht der Fall, so können psychische Beeinträchtigungen eintreten, die sich in mangelndem Realitätsbewußtsein, Versponnenheit, Verträumtheit oder ganz allgemein in einer Schwierigkeit zeigt, genau auseinanderzuhalten, was der einen oder der anderen Ebene angehört. In einzelnen Fällen, aber auch nur dann, wenn bereits eine entsprechende Disposition dazu vorhanden ist, kann sich dies durchaus in Erscheinungen äußern, die an Symptome der Schizophrenie erinnern. Aber auch wer in dieser Beziehung absolut stabil und gefeit ist, tut gut daran, in der Praxis »Der Brücke« genügend Aufmerksamkeit und Zeit zu schenken. In unserem Beispiel ist das große Wasser mit der Barke und ihrem Fährmann die Brücke. Ich habe dieses Bild als Brücke gewählt, weil es schon durch seinen äußeren Aufbau dafür sorgt, daß diese Phase nicht einfach übersprungen werden kann.

Die Überquerung des großen Wassers braucht Zeit, die es dem Anfänger ermöglicht, sich genügend auf den kommenden, veränderten Bewußtseinszustand vorzubereiten. Später, wenn eine gewisse Übung und Vertrautheit im Umgang mit dieser Praxis erworben worden ist, können auch andere Bilder als Brücke verwendet werden, die einen rascheren Wechsel von einem Bewußtseinszustand in den anderen ermöglichen. Solche Bilder sind zum Beispiel ein Tor, ein Vorhang, möglicherweise auch eine reale Brücke und dergleichen mehr. Wichtig ist, daß das Bild als solches den Übergang von einer Bewußtseinsebene zu einer anderen sehr genau markiert.

Eine weitere wichtige Regel der magischen Pfadarbeit lautet: *unbedingt den Rückweg sichern*. Die Sicherung des Rückwegs besteht darin, daß man jederzeit imstande ist, den Rückweg in die Tagesrealität anzutreten, indem man den ganzen Weg, den man bisher zurückgelegt hat, genau in umgekehrter Reihenfolge wieder absolviert. Das hört sich recht schwierig an, aber die Erfahrung hat gezeigt, daß dies in der Praxis viel leichter ist, als man sich das vorstellen kann. Daraus leitet sich eine weitere Regel ab: immer dann, wenn man – aus welchen Gründen auch immer, sei das nun programmgemäß oder vorzeitig – in die Tagesrealität zurückkehren will, soll (ich verweise wieder auf das Beispiel vom aufsteigenden Taucher) der genau gleiche Weg von Station zu Station rückwärts begangen werden. Das heißt nicht, daß man in Fällen, wo dies nötig erscheint oder durch äußere Umstände bedingt ist (zum Beispiel, wenn man vergessen hat, das Telefon auszuschalten) nicht auf direktem Wege wieder in die Tagesrealität zurückkehren kann. Aber in einem solchen Fall besteht die Möglichkeit, daß für eine gewisse Zeit – die manchmal mehrere Stunden betragen kann – ein Gefühl des Unbehagens zurückbleibt, vielleicht verbunden mit Kopfschmerzen und leichter Übelkeit. Zusammenfassend sei gesagt: der Anfänger halte sich soweit wie möglich streng an die hier gegebenen Regeln und Anweisungen. Ist er durch fortwährende

Übung mit der magischen Pfadarbeit vertrauter und sicherer geworden, kann er damit beginnen, eigene Wege zu erkunden, in dem Sinne, daß magisches Handeln (wollen, wissen, wagen, schweigen) immer auch wagen und deshalb ein Risiko bedeutet. Ich bin mir durchaus bewußt, daß in gewissen konservativen esoterischen Kreisen das Publikmachen dieser Techniken Verärgerung auslösen kann und Befürchtungen laut werden unter Hinweis darauf, daß in gewissen Fällen die Anwendung dieser Techniken geeignet ist, Schaden anzurichten. Das ist an und für sich durchaus richtig. Indessen hat unsere Gesellschaft das Autofahren auch nicht verboten unter Hinweis darauf, daß zu irgendeiner Zeit ein Idiot sich volltrunken in ein Auto setzen, losfahren und seinem Zustand entsprechend Schaden anrichten könnte. Wir haben durchaus akzeptiert, daß eine so gefährliche Sache wie Autofahren, wo der Mensch dem Magier gleich über mehrere Pferdestärken verfügt durch strikte Beachtung gewisser Regeln durchaus allgemein zugelassen werden kann. Andererseits ist manches Menschenleben durch den Einsatz von Ambulanzautos gerettet worden. Ich sehe nicht ein, warum das, was für das Autofahren gilt, nicht auch für magische Praktiken in Betracht gezogen werden sollte. Und wer Geheimnisverrat wittert, der sollte sich fragen, um was es ihm geht: um den Menschen, der ernsthaft willens ist, sich selbst weiterzuentwickeln und an sich spirituell zu arbeiten, oder ob er die elitäre Machtposition des Wissenden gegenüber dem Unwissenden behaupten will.

Nachdem die Brücke überschritten worden ist – ganz gleich in welcher Form auch immer –, beginnt die »Arbeit in der betreffenden Sphäre«. Sie besteht darin, daß man aus dem vorbereiteten Material imaginär die Formenwelt der betreffenden Sphäre astral aufbaut und sie betrachtet und durch diese Betrachtung eine energetische Wechselwirkung erfährt. Für den Aufbau dieser Formenwelt gilt die Regel: möglichst alles, was man auf der betretenen Sphäre aufbaut und begegnet, sollte der Energie der betreffenden Sphäre entsprechen und aus den zugehörigen Bildern und Symbolen aufgebaut sein. Was dies bedeutet, wird der Leser in der nun folgenden Analyse erfahren.

Die Sphäre von Jesod macht sich bereits auf der Überfahrt über das große Wasser bemerkbar. Sie zeigt sich in der gleißenden Mondnacht, deren Licht sich auf den Wellen des Wassers tausendfach reflektiert. Man kann sich diese Mondnacht nicht stark genug – oder mit andern Worten – nicht »kitschig« genug vorstellen. Eine Eigenschaft der Astralebene ist, daß ihre Farben leuchten und von kräftiger Intensität sind. Die Konturen sind scharf voneinander abgegrenzt. Dies gilt selbst für Sphären, die aus sich heraus wenig bis keine Struktur haben, wie Nezach.

Den Übergang in die reine Sphäre von Jesod markiert die bogenförmig gewölbte Grotte. Merkmal dieses Übergangs ist, daß er Elemente von beiden Sphären enthält, der Sphäre, von der wir herkommen und der Sphäre, in die wir wechseln. In der Sprache des Baums des Lebens ist die Sphäre, aus der wir kommen das »Erdreich« (Malkuth) und die Sphäre, die wir zu erreichen versuchen, ist Jesod. Symbol der irdisch-materiellen Ebene der Verfestigung ist der Kubus, der Würfel, mit seinen geradlinigen Kanten und Ecken. Aus diesem Grunde kann das Wesen von Malkuth symbolhaft am besten durch die gerade Linie und die Ecke, vorzugsweise den rechten Winkel, zum Ausdruck gebracht werden. Für Jesod erfüllt den gleichen Zweck die Rundung und zwar die Rundung in all ihren Teilformen, als vollständiger Kreis, als Bogen oder als eine Kombination aus beidem (Parabel). Diese Rundungen sind in der bildhaften Erscheinungsform des Mondes enthalten und werden durch die verschiedenen Mondphasen zum Ausdruck gebracht. Die bogenförmig gewölbte

Grotte, vor der wir stehen, nachdem wir die Barke des Fährmanns verlassen haben, ist eine Kombination aus diesen beiden Sphären, wodurch sie zum Durchgangstor aus der einen in die andere Sphäre wird. Der Grund der Grotte ist eben und gerade und bringt dadurch das Wesen von Malkuth zum Ausdruck. Die Wölbung der Grotte ist bereits Bestandteil von Jesod. Neun Stufen führen hinauf zum Tor in der Grotte. Neun ist die Zahl von Jesod am Baum des Lebens, weil sie die neunte Sephira ist. Das parabelförmige Tor bildet den eigentlichen Eingang in die Sphäre von Jesod und ist auf eine andere Weise, wie bereits erwähnt, eine Kombination der beiden Sphären Malkuth und Jesod. Das Wesen der Rundung ist Ausgleich der Gegensätze, aber in einer Art und Weise, die nicht selten zu Verwischung der Grenzen und zu Konturlosigkeit führt (darin zeigt sich der Einfluß von Nezach, der nach Jesod hinunter wirkt). Dieses Verwischen und Auseinanderfallen von klar vorgegebenen Konturen zeigt sich im Mosaik aus großen und unregelmäßig gebrochenen Spiegelgläsern, aus welchen die beiden Torflügel bestehen. Durch dieses Mosaik von Spiegelscherben wird die Ganzheit eines Körpers, der in ihnen reflektiert wird, auseinandergebrochen. Dieses Mosaik aus Spiegelscherben am Eingang zur Sphäre von Jesod ist eine Mahnung, nicht der aufsplitternden und auflösenden Energie von Jesod zum Opfer zu fallen. Einer Eigenschaft von Jesod, die am besten ausgedrückt werden kann durch die Schlußworte von Wagners Tristan und Isolde: »Ertrinken, versinken, unbewußt, höchste Lust.«

Bevor der Sphären-Wanderer das Tor durchschreitet, hat er noch einmal bewußten Widerstand gegen diese auflösende und aufsplitternde Tendenz zu leisten, indem er mit bewußtem Willen versucht, in der Betrachtung des Spiegelmosaiks das reflektierte Bild seines Körpers als Ganzheit zu manifestieren. Die neun

Klopfschläge, die zur Öffnung des Tores führen, stehen ebenfalls in Verbindung mit der Zahlensymbolik von Jesod. Was sich nun in der Toröffnung zeigt, nachdem die beiden Torflügel sich geöffnet haben, ist das *magische Bild von Jesod.* In der Tradition der Kabbala und ihrer Magie ist das magische Bild ein Bild, das all das in sich enthält, was das Wesen und die Energie der betreffenden Sephira auf einmal zum Ausdruck bringt. Für die Sephira Jesod sind es die beiden Begriffe Kraft und Lebendigkeit, in denen die Charakteristik dieser Sephira zum Ausdruck kommt. Die Kraft von Jesod wird durch den nackten, kräftigen Mann (mit Betonung auf kräftig) zum Ausdruck gebracht und der erigierte Penis weist auf den anderen Aspekt von Jesod hin, auf die Lebendigkeit.

Die Konturen des Spiegelmosaiks werden noch verstärkt durch Quarze und violette Edelsteine. Eine Eigenschaft des Quarzes ist, daß er pulsiert. So kann er zum Symbol von Jesod werden, dessen eine Eigenschaft Rhythmus, Zyklus ist, durch die sich Lebendigkeit manifestiert. Die violetten Edelsteine tragen die vorherrschende Farbe von Jesod.

In der Körperzuordnung der einzelnen Sephirot vom Baum des Lebens ist Jesod den Geschlechtsorganen zugeordnet. Die Geschlechtsorgane stehen für allgemeine Lebenskraft in Form der Sexualität. Darüber hinaus haben die Geschlechtsorgane eine weitere Eigenschaft, die mit der Sphäre von Jesod in Verbindung steht, das Rhythmische, Zyklische. Was für die Frau der Zyklus der Menstruation bedeutet, ist für den Mann der Wechsel zwischen Erektion und Erschlaffung. Die Maschinerie des Universums, als die Jesod auch oft bezeichnet wird, zeigt sich für uns in diesem rhythmisch-zyklischen Wechselspiel. Für manche Menschen der heutigen Zeit mag es vielleicht eine etwas allzu direkte und krude Symbolik sein, indessen ist sie von der Tradition so überliefert, was darauf

113

schließen läßt, daß frühere Generationen nichts Anstö-
ßiges dabei empfanden.

Nach dem Durchgang durch das Tor sind links eine
Reihe aufgereihter Sandalen der verschiedensten Art
und Größe zu sehen, die einen reich verziert, die andern schlicht und einfach, manche mit dicken und
manche mit dünnen Sohlen. Auch das Symbol der Sandale bringt eine Verschmelzung von Malkuth und Jesod zum Ausdruck. Körperzuordnung von Malkuth am
Baum des Lebens sind die Füße. Mit den Füßen stehen
wir auf dem Erdboden, sind also damit verankert. Wie
die Redensart »mit beiden Füßen auf dem Boden stehen« ein Synonym für Lebenstüchtigkeit innerhalb der
materiellen Sphäre und ihren Anforderungen ist, so
drücken auch die Füße, die auf dem Erdboden stehen
aus, daß sein Lebendigsein als der Mensch, der er ist,
nach den Gesetzen dieser materiellen Verfestigung abläuft, solange er an diese materielle Ebene gebunden
ist. Das bedeutet, daß auch für einen Sphären-Wanderer, solange er in der Sphäre von Malkuth verfestigt ist,
andere Sphären nur mit den Möglichkeiten von Malkuth wahrgenommen werden können. Das kommt im
Symbol der Sandale zum Ausdruck. Die Sohle der Sandale ist gewissermaßen ein künstlicher Fußboden, der
ständig mitgetragen wird und der auch in Sphären,
deren Energie der Verfestigung fremd oder entgegengesetzt ist, dafür sorgt, daß der Mensch sie sicher und
seinen materiellen Bedingungen gemäß begehen kann.
Je nachdem wie stark ein Sphären-Wanderer die be-
wußte Verankerung mit der materiellen Ebene noch
braucht, haben die aufgereihten Sandalen verschiedene
Sohlendicke. Der Anfänger wählt mit Vorteil Sandalen
mit dicken Sohlen, die dann im Verlauf von weiteren
Arbeiten dünner und dünner werden können. Aber
ganz sollte auf sie in der Sphäre von Jesod nicht ver-
zichtet werden.

Die nächste Station unserer magischen Reise ist der

»Garten der Düfte«. Eigenschaft des Duftes ist, daß er die Atmosphäre eines Raumes durchdringt. Dies macht den Duft überhaupt zum Symbol der Astralebene. Denn so, wie der Duft alles und jedes unserer materiellen Sphäre durchdringt und manchen Dingen sogar buchstäblich anhaftet, durchdringt die Astralebene alles und jedes, was auf der materiellen Ebene als Verfestigung vorhanden ist. Es gibt, so gesehen, nichts auf der materiellen Ebene, das nicht ebenso seine entsprechende Reflexion in der astralen Ebene hätte. Der Einsatz von Düften der verschiedensten Art in Form von Räucherstäbchen und Räucherwerk ist ein traditionelles Mittel, um auf die Astralebene magisch Einfluß zu nehmen. Die verschiedenen Düfte haben ähnlich wie die Gläser der Sonnenbrille die Eigenschaft, speziell erwünschte Energieeigenschaften der Astralebene herauszufiltern oder zu akzentuieren.

Der Garten der Düfte besteht aus den mannigfaltigsten Pflanzen. Die Pflanze an sich ist wiederum, wenn auch auf etwas andere Weise, Symbol für die beiden grundlegenden Eigenschaften von Jesod, Kraft und Lebendigkeit. In ihrem Bestreben, sich immer nach dem Licht zu richten, kann die Pflanze eine alles überwindende Kraft entwickeln, die in manchen Fällen sogar eine harte Betondecke durchbricht. Der Dschungel, oder in unseren Breiten der wilde Wald, ist ebenfalls eine bildhaft-materielle Erscheinung dieser der Pflanze innewohnenden Lebenskraft. Im Dschungel gilt nichts anderes als das Gesetz des Überlebens. Der Dschungel und sein Gegenstück, der kultivierte Garten, sind überdies zwei Bilder, die für die praktische Arbeit auf der Astralebene gelten. Man kann die Astralebene betreten, wie man einen wilden Dschungel betritt, ständig dabei der Gefahr ausgesetzt, dem Gesetz dieses Dschungels zu erliegen, das wenig zu tun hat mit dem, was für den Menschen angebracht ist. Andererseits können bewußt einzelne Pflanzen aus diesem Tohuwabohu des wuchernden Dschungels herausgeholt und in einem speziell angelegten und gepflegten Garten kultiviert werden. Eine solche Kultivierung der Astralebene zeigt sich vor allem auf dem Gebiet der Kunst oder anders ausgedrückt: Dichter, Maler, Komponisten sind für uns die wagemutigen Gärtner, die sich in den wilden Dschungel hineinwagen und die von dort mitgebrachten Pflanzen in einem auch für uns gewöhnliche Menschen begehbaren Garten anpflanzen, pflegen und so zugänglich machen. Im Garten der Düfte sind kleine Menhire, aufrechtstehende Steine aufgestellt. Darin wird das Motiv des erigierten Penis in einer anderen Darstellungsweise wieder aufgenommen.

Als Sphäre des Mondes wird die Sephira Jesod vom Element Wasser regiert. Wasser verkörpert fast ideal die drei Eigenschaften, welche die Grundlagen von Jesod bilden: Kraft, Lebendigkeit und Reflexion. Wasser kann entweder stillstehen oder fließen. Fließendes Wasser gibt Kraft ab, welche durch Wasserräder, Turbinen und ähnlichem vom Menschen genutzt werden kann. Stehendes Wasser ist Kraftpotential, wie dies am besten im Speicherbecken eines Stausees zum Ausdruck kommt. Die glatte Wasseroberfläche schließlich verfügt über die Eigenschaft der Reflexion, was ja ein herausragendes Merkmal von Jesod und der Sphäre des Mondes überhaupt ist.

Zunächst erscheint das Wasser auf unserer magischen Reise in seiner ungefährlichsten und für den Menschen zugänglichsten Form, als Murmeln eines Baches oder einer Quelle. Die Weide weist auf die Bedeutung hin, die das Wasser auf der Sphäre von Jesod hat. Der Verlauf des murmelnden Baches wird von Weidensträuchern markiert, die durch ihre Verbundenheit mit Wasser und Feuchtigkeit ebenfalls ein Symbol von Jesod sind. Kein Leben kann ohne Wasser existieren und so versinnbildlicht die Weide als

Strauch, der die Nähe des Wassers liebt, die Synthese zwischen Wasser, Fließen und vegetativer Lebendigkeit. Ähnlich ist es mit der Brunnenkresse, die ebenfalls eine Pflanze des feuchten Elements ist. Die Schlange ist ein sehr vielfältiges Symboltier, das mancherlei Bedeutung haben kann. In Jesod ist sie ebenfalls aus der Perspektive dieser vegetativen Lebendigkeit heraus zu sehen, eine Lebendigkeit, die bis in die verborgensten Winkel getragen wird. Deshalb wird die Schlange in Jesod auch nicht unbedingt gesehen, obgleich das vorkommen kann, sondern mehr mit anderen Sinnen wahrgenommen und gefühlt. In diesem Zusammenhang ist auch darauf hinzuweisen, daß das Reptil eine der niedrigsten und frühesten Lebensformen ist. Eine Lebensform, die sich von der menschlichen durch das Fehlen von Differenzierung und Bewußtheit unterscheidet. Der Mensch ist immer in Gefahr, solch primitiven, atavistischen Lebensformen zu erliegen, das heißt, seine eigenen menschlichen Lebensformen nicht genügend zu nutzen und dadurch in eine ihm nicht entsprechende primitive Lebensform zurückzufallen. (Die Zeichnung eines Krokodils, das in manchen Tarotdarstellungen des Bildes 0 [Null] im Abgrund lauert um den unbeschwert dahertanzenden Narren zu verschlingen, weist auf diesen Umstand hin.)

Die Trauerweide ist eine formale Weiterentwicklung der Weide als Baum von Jesod. Ihre weitausladenden Äste bilden eine Grotte (auch dies ja ein Symbol von Jesod), in der zwei Gestalten der griechischen Mythologie zu sehen sind: die Mondgöttin Selene und ihr Geliebter Endymion. Nach der Überlieferung des Mythos verliebte sich Selene in den schönen Menschenjüngling Endymion und erbat für ihn – da sie ja eine unsterbliche Göttin ist – von Zeus ewige Jugend. Zeus gewährte die Bitte unter der Bedingung, daß Endymion in ewigen Schlaf versetzt würde. Auf ihrer Nachtfahrt besucht seitdem Selene den schlafenden Jüngling jeden Tag in seiner Grotte. In diesem Mythos ist eine der tiefstgehenden Lehren der Sphäre von Jesod enthalten, die ich hier nicht weiter erläutern möchte. Es ist dem Sphären-Wanderer überlassen, diesen tieferen Gehalt selbst zu entschlüsseln.

Nun folgt eine Weggabelung. Der Pfad zur rechten Hand führt in eine dschungelartige Wildnis und links führt der Weg zu einer breiten Freitreppe mit neun Stufen. Der Pfad, der sich rechts in die Wildnis verliert, ist der fünfundzwanzigste Pfad, der die Sephira Jesod mit der Sephira Tipharet verbindet. (Näheres zu diesem fünfundzwanzigsten Pfad siehe ab Seite 181). Dieser fünfundzwanzigste Pfad wird vom Sphären-Wanderer zu einem späteren Zeitpunkt begangen werden: wenn er spirituell genügend dafür gerüstet ist. In diesem Fall soll einfach sein Vorhandensein wahrgenommen und die Entscheidung gefällt werden, ihn dieses Mal *nicht* zu begehen. Statt dessen kommt die Wendung nach links zur Freitreppe mit den neun Stufen. Manche mögen vielleicht darüber erstaunt sein, daß dieser fünfundzwanzigste Pfad nach rechts führt und der Tempel von Jesod, den wir besuchen wollen, sich links befindet. Diese Richtungen sind genau umgekehrt zum Gefühl, das wir mit rechts und links verbinden. Dazu möchte ich nur darauf aufmerksam machen, daß sich auf der Astralebene die Seiten rechts und links der Reflexion des Spiegelbildes entsprechend, gern vertauschen. Die neun Stufen der Freitreppe stimmen wiederum überein mit der Zahl von Jesod. Die sich bogenförmig nach außen öffnenden Balustraden erinnern an den zunehmenden und abnehmenden Halbmond. Daß wir uns auf der Sphäre von Jesod befinden, daran werden wir noch einmal durch das Mosaik der vier Mondphasen erinnert, das im Boden vor dem Tor zum Tempel eingelassen ist.

Der Tempel von Jesod ist ganz aus den Elementen

der Rundung errichtet. Zeigte sich beim Eingangstor
zur Sphäre von Jesod noch eine Mischung von Malkuth
und Jesod, Ecke, gerade Linie und Rundung, so ist das
Eingangstor zum Tempel von Jesod nun ganz Rundung, da wir uns nun mitten in der Sphäre von Jesod
befinden. Dieses Tor öffnet sich auf ein neunmaliges
Klopfen, das nun keiner weiteren Erläuterung mehr
bedarf. Der Engel aus der Klasse der Aschim, der die
Funktion des Pförtners wahrnimmt, besteht aus einem
bewegten wirren Gemenge von sprühenden Feuerfunken. In diesen Feuerfunken soll eine Vermengung des
direkten Sonnenlichts (goldgelb) mit dem durch den
Mond reflektierten Licht der Sonne (silberhell) gesehen werden. Das Licht des Mondes ist ja nicht etwas
für sich selbst und dem Licht der Sonne entgegengesetzt, wie manchmal fälschlich angenommen wird, sondern das Licht des Mondes ist ein Teil des Sonnenlichts, das sich uns in einer anderen und etwas speziel-
leren Form zeigt.

Was für die Engelsgestalt gilt, gilt ebenso für die
Lichtstimmung innerhalb des Tempels von Jesod. Dieses Licht im Innern des Tempels besteht aus einer
Vermischung des Sonnenlichts mit dem lilafarbenen
Äther. (Im Crowley-Tarot gibt »Neun der Kelche« in
etwa einen Eindruck der Farben wieder, die im Innern
des Tempels von Jesod gesehen werden.) Pflanzen, die
sich im Innern des Tempels von Jesod befinden, unterscheiden sich von denen draußen im »Garten der Düfte« dadurch, daß sie tiefere Schichten der Sphäre von
Jesod zum Ausdruck bringen, gewissermaßen »die
dunkle Seite des Mondes«. Das oval-geschwungene
Wasserbecken in der Mitte des Tempels läßt mancherlei Assoziationen zu. Hier begegnen wir, als Kontrast
zu den Wasserläufen im Garten der Düfte, der absolut
stillen Wasseroberfläche und ihrer Fähigkeit zur Reflexion. (Das Animabild nach C. G. Jung klingt hier an.)
Dieses Wasserbecken steht für den Altar im Tempel.

119

Die Begegnung mit dem Erzengel Gabriel bildet das Ziel dieser Reise in die Sphäre von Jesod. Die bildhafte Gestalt des Erzengels Gabriel ist zusammengesetzt aus Attributen, die der Sphäre von Jesod zugehören und sie zum Ausdruck bringen. Die blaue Robe mit silbernen Borten ruft das Bild der monddurchfluteten Nacht in Erinnerung. Die rote Farbe des Gürtels ist ein Zeichen der Kraft, die sich dahinter verbirgt und die silbernen Buchstaben zeugen dafür, daß sich der magische Name des Engels auf dieser Sphäre durch die Kraft des Mondlichts zeigt. Der Kelch bedarf keiner weiteren Erläuterung mehr und die orange-gelbe Flamme, die über ihm schwebt, ist die einzige Form, in der sich das direkte Sonnenlicht auf der Sphäre von Jesod zeigt, das heißt immer in Verbindung mit der Figur des Engels. Falls die Wanderung mehrmals wiederholt wird – was zu empfehlen ist – kann der Erzengel mit einem bestimmten Zeichen begrüßt werden, das auch auf den anderen Sphären (Sephirot) zur Anwendung gelangen kann. Dieses Zeichen besteht darin, daß die Handflächen mit geschlossenen Fingern gegeneinander gelegt werden, auf der Höhe des Herzchakras, und dann die solcherart wie zum Gebet gefalteten Hände nach vorne geführt werden, wobei sie sich nach außen öffnen. Dieses Zeichen hat in etwa Ähnlichkeit mit der Geste, womit ein Vorhang in der Mitte geteilt und durchschritten wird. Dadurch soll ausgedrückt werden, daß wir uns, wie durch einen Vorhang hindurch, auf eine andere Bewußtseinsebene begeben. Das Zeichen soll keinesfalls körperlich, sondern nur in der Imagination ausgeführt werden. Der Erzengel ist die bildhafte Repräsentation der kosmisch-göttlichen Kraft und als solche zeigt er sich im Tempel immer nur statisch, das heißt, er bewegt sich nicht und geht keinesfalls auf den Wanderer zu, sondern dieser muß sich zu ihm hin begeben. Auch ist der Erzengel allein befugt, die Lehren dieser Sphäre zum Ausdruck zu bringen.

Vorbereitung

Die nächste praktische Arbeit, die ausgeführt werden sollte, ist der Kontakt mit dem Erzengel Michael in dessen Sphäre Tipharet am Baum des Lebens. Auch hier wollen wir uns als erstes wieder darüber klar werden, was Wesen und Energie dieser Sphäre sind. Wir stützen uns dazu wieder auf den entsprechenden Text im Buch Sepher Jetzirah, der folgendermaßen lautet: »Der sechste Pfad (sechste Sephira) ist der Pfad, welcher die (göttliche) Intelligenz übermittelt, indem sich die aus dem All-Einen (Kether) strömende Kraft in ihm in vielfältige Erscheinungen differenziert. Auf diese Weise kann die (göttliche) Kraft auf die Menschen einwirken, die sich mit ihr vereinigen.« In den Begriffen *Übermittlung* und *Vereinigung* sind die zwei grundlegenden spirituellen Erfahrungen der Sphäre von Tipharet enthalten: Vision der Harmonie der Dinge; die Mysterien der Kreuzigung. Tipharet bildet, auch äußerlich gesehen, Mitte und Schwerpunkt des Baums des Lebens, es bildet so im wahrsten Sinn des Wortes dessen Zentrum. So ist denn auch leicht verständlich, warum Tipharet die Sphäre der Sonne ist. Die Sonne ist das Zentrum unseres Planetensystems und ihre Planeten umkreisen sie in Bahnen, die man durchaus mit dem Wort harmonisch charakterisieren kann. Auf diese Weise läßt sich sehr leicht eine Analogie zwischen dem kosmischen Planetensystem und dem Bild des Baums des Lebens herstellen.

Die Sonne ist zwar die Mitte unseres Planetensystems, aber sie ist nicht die Mitte des Universums. Alles Leben und das ganze Funktionieren unseres Planeten indessen hängt in höchstem Maße von dieser Sonne ab. Ihr Licht und ihre Wärme ermöglichen erst die Existenz von Leben auf dem Planeten Erde. Anders ausgedrückt: Licht und Wärme als Voraussetzungen der Lebensprozesse werden auf diese Weise zu göttlichen

Kräften, die entsprechend von den Menschen verehrt werden. Es sollte klar sein, daß die Sonne zwar das für uns faßbare Abbild des Göttlichen ist, aber nicht das Göttliche selbst. So gesehen wäre Kether »die Sonne hinter der Sonne«. Nach dem Gesetz »wie oben so unten« haben wir eine fortschreitende Analogie. So wie der Mond *Reflexion* des Sonnenlichts ist, so ist die Sonne *Transformation* des hinter ihr stehenden göttlichen Lichtes, das den Kosmos lebendig erhält. Auf diese Weise fällt der Sphäre von Tipharet die Aufgabe zu, das große göttliche Licht (von Kether) in eine Form zu bringen, zu verwandeln, in der es vom Menschen erkannt und gehandhabt werden kann. Dies ist die Eigenschaft von Tipharet, die sich in dem Begriff »Übermittlung« zeigt. Der Vorgang ist zu vergleichen mit dem Hinuntertransformieren des für den Menschen gefährlichen Starkstroms in eine Spannung, in der er zwar nicht gefahrlos, aber mit entsprechendem Know-how gebraucht werden kann. Dieser Aspekt der Übermittlung der göttlichen Kraft und ihr Sichtbar- und Faßbarsein ist das Bild des Erzengels Michael.

Durch Michael kommt der Aspekt der Übermittlung göttlicher Kraft zum Ausdruck. Sein Name lautet übersetzt: »Einer, der wie Gott ist«. Der Sinn dieses Namens ist nicht, daß Michael mit Gott identisch ist, oder Michael gar eine Erscheinung oder eine Inkarnation Gottes auf der unteren Ebene darstellt. Michael ist die bildhafte Erscheinung des Prinzips der »Sonne, die vor der Sonne ist«.

Leser, die sich bereits etwas eingehender mit der Kabbala und dem Baum des Lebens beschäftigt haben, mögen an dieser Stelle vielleicht etwas irritiert sein. In manchen Büchern, die vorwiegend aus dem angelsächsischen Sprachraum stammen, wird als Erzengel von Tipharet nicht Michael, sondern Raphael bezeichnet, während Michael der Sephira Hod zugeordnet wird. Diese Vertauschung der beiden Erzengel wurde von dem berühmten esoterischen Orden »The Golden Dawn« vorgenommen. Ihr liegt das Argument zugrunde, daß die Gotteskraft von Tipharet immer auch gleichzeitig eine Heilkraft ist. Da nun der Name Raphael »Der Arzt Gottes« bedeutet, wurden die beiden Erzengel vertauscht, wobei allerdings übersehen wurde, daß Raphael außer diesem Heilaspekt kaum etwas mitbringt, das der Energie von Tipharet entspricht, und Michael mit all dem, was er repräsentiert, in der Sphäre von Hod fremd ist. Dies ist ein markantes Beispiel dafür, wie oft voreilig die Tradition angezweifelt wird, bevor man sich tiefer und umfassender damit beschäftigt, warum sie gewisse Dinge so überliefert und nicht anders.

Fassen wir noch einmal zusammen: Tipharet vermittelt uns die Vision und Erfahrung der Harmonie und Ganzheit der Dinge, oder anders ausgedrückt: Gott ist in allem und alles ist in Gott. Tipharet vermittelt auch die Erfahrung der Verbundenheit dessen, was unten ist mit dem, was oben ist. Das grenzenlose Licht ergießt sich in der Form von Kether durch den dreizehnten Pfad nach Tipharet, wird dort in Formen sichtbare Erscheinung und manifestiert sich so in der Natur, wie sich die Natur uns zeigt und wie wir sie erfahren. Darum wird auch ohne weiteres verständlich, daß wir uns der Vision von Tipharet erst dann stellen können, wenn wir zuvor die Initiation von Jesod erlebt haben. Denn ohne die von Jesod her nach oben wirkende Formenwelt würde uns die Kraft von Tipharet nur in einer grellen, für uns nicht faßbaren Lichterscheinung zuteil werden, als bloßes Wahrnehmen, das nicht zur Erkenntnis führt. Auf diese Weise wird Tipharet zur großen Umsetzerstation im Baum des Lebens, in der die große göttlich-kosmische Energie in Formen verwandelt wird, mit denen wir umgehen können. Ich möchte nun den Leser einladen, in genau gleicher Weise wie nach Jesod die Reise nach Tipharet zu unternehmen, und sich den Erfahrungen zu stellen, die dort auf ihn warten.

Die Reise zum Erzengel Michael

»Sie entspannen sich, soweit das geht und fangen damit am besten bei den Füßen an und steigen dann den ganzen Körper hoch. Die Augen sind geschlossen. Sie werden noch einige Eindrücke Ihrer Netzhaut vor Ihrem inneren Auge sehen , die dort haften. Diese Bilder werden jetzt immer schwächer, ihre Konturen und Farben verwischen sich, bis Sie vor Ihrem inneren Auge nur noch eine gleiche graue Fläche haben wie Nebel. Aus dieser grauen Fläche heraus kommt jetzt eine Kraft [*wenn Sie in dieser Phase Musik verwenden, kann das Wort* ›Kraft‹ *durch* ›Ton‹ *ersetzt werden*] und Sie lassen sich von dieser Kraft einhüllen, wie von einem Schal. Sie werden leichter und leichter, bis Sie schwerelos zu schweben beginnen. Die Erde versinkt unter Ihnen und Sie erheben sich hoch in die Luft (...). Unter Ihnen ziehen Wälder vorbei, Gebirge, Städte, Seen und Flüsse und Sie sehen, daß Sie in eine ganz bestimmte Richtung gezogen werden, ganz von selbst fliegen Sie dorthin (...). Und dann merken Sie, daß sich Ihr Flug langsam zur Erde zu neigen beginnt. Ganz allmählich werden Sie wieder schwerer und schwerer (...). Und dann setzen Sie sanft auf den Boden auf und Sie befinden sich am Ufer eines großen Wassers. Die Wellen schlagen leise vor Ihre Füße und Sie bemerken, daß nicht weit von Ihnen eine Barke wartet. Die

Barke ist dunkel, nicht unähnlich einer venezianischen Gondel und doch wieder ganz anders. Und diese Barke trägt ein goldglänzendes
Segel und darin ist ein Fährmann am Ruder,
der Sie jetzt mit einer Handbewegung einlädt,
die Barke zu besteigen. Sie gehen an Bord und
sobald Sie dort sind, legt der Fährmann ab und
steuert hinaus auf das große Wasser. Es ist
Nacht. Der Fährmann steht hinter Ihnen im
Heck der Barke und Sie hören das ruhige,
rhythmische Geräusch seines Ruders. Von vorne, vom Bug der Barke her, dringt das leise
platschende Geräusch der Wellen, die vom Bug
der Barke durchschnitten werden. Sie haben
jegliches Gefühl für Zeit verloren und wissen
nicht mehr, wie lange Sie schon auf diesem
großen Wasser schwimmen (...).

Nach einer Weile merken Sie, daß die Nacht
heller wird. Links von Ihnen im Osten macht
sich immer deutlicher der goldene Schein der
Morgendämmerung bemerkbar, und dann erblicken Sie im Lichte der aufgehenden Sonne
die Konturen des anderen Ufers. (...) Die
Uferlinie wird differenzierter, rückt näher und
dann setzt der Kiel der Barke ganz sanft auf
Grund.

Sie steigen aus und betreten das andere Ufer.
Vor Ihnen öffnet sich ein Weg und der Fährmann deutet mit einer Handbewegung, daß Sie
diesen Weg gehen sollen. Der Weg, den Sie
gehen, führt sanft nach aufwärts und wird an
beiden Seiten von Sanddünen begrenzt. (...)
Dieser Weg endet jäh und Sie stehen mit Ihrem
Fuß am Rand eines ungeheuren Abgrundes,
von dem aus sich ein Nebelmeer bis in unendli-
che Fernen erstreckt. Gleißend strahlt die Sonne vom dunkelblauen Himmel. Mitten aus dem

dichten Nebelmeer ragt eine steile Felsspitze heraus, auf der sich eine Burg mit Türmen erhebt. Sie ist wie ein wahres Märchenschloß anzuschauen, gebaut aus den Träumen und Sehnsüchten der Menschen, und Sie wissen, daß Sie irgendwie zu dieser Burg, die den Tempel von Tipharet birgt, gelangen müssen. Aber nirgends zeigt sich ein Weg, den Sie beschreiten können (. . .). Die Nebelschwaden im Abgrund wallen auf und nieder und unter dem sengenden Einfluß der strahlenden Sonne senkt sich das Nebelmeer etwas und allmählich tauchen daraus die Konturen einer langen, langen Brücke auf. Es ist eine Hängebrücke, auf eine ähnlich primitive Weise konstruiert wie die Hängebrücken, welche in tropischen Urwäldern die Dschungelpfade über Abgründe und Wasserfälle hinweg verbinden.

Sie wissen jetzt, daß dies der Weg ist, auf den Sie sich wagen müssen und Furcht steigt in Ihnen hoch. Wird dieser schwankende lange Steg mein Gewicht halten, oder werden die Taue reißen, und ich in den grauenhaften, vom Nebelmeer ausgefüllten Abgrund hinunterstürzen? (. . .) Aber Sie wissen genau, daß, wenn Sie zur Burg gelangen wollen, kein anderer Weg für Sie bereit ist, es sei denn, sie kletterten die steile Felswand nach unten in die Tiefe des Abgrundes, den Sie durchqueren um am Berg von Tipharet mühsam wieder emporzusteigen. Da Sie nicht wissen, was für unbekannte Gefahren im Abgrund auf Sie lauern und der Weg über die schwankende Brücke klar vor Ihren Augen liegt, beschließen Sie, den Gang über den Abgrund zu wagen. Vorsichtig setzen Sie einen Fuß auf den ersten Balken des Stegs, ziehen den andern nach und erfahren, daß die

Brücke imstande ist, ihr Gewicht zu tragen. Vorsichtig – und vielleicht mit klopfendem Herzen – schreiten Sie weiter voran, halten sich mit beiden Händen an den Tauen fest, die das Geländer des Stegs bilden und setzen einen Fuß vor den andern, von Balken zu Balken. Die Balken sind sehr locker und mit Zwischenräumen voneinander montiert, so daß Sie während Ihres Ganges – wenn Sie nach unten blicken – immer das wogende Nebelmeer vor Ihren Augen haben. Aus dieser wabernden Tiefe dringen seltsame Laute und Schreie an Ihr Ohr, als ob unten in dieser Nebelmasse ein erbitterter Kampf zwischen Wesen unbekannter und furchterregender Art stattfinden würde. Aber beherzt schreiten Sie voran, auch wenn es Sie dünkt, daß die Brücke kein Ende nimmt und Ihr Ziel, die Burg, kaum näher rückt (...). Dann wenden Sie sich um und blicken zurück. Und Sie bemerken, daß die Felsklippe, von der aus Sie gegangen sind, sich schon sehr weit weg befindet und fern am Horizont sich nur noch ganz schwach als dunkler Streifen vom Nebelmeer abhebt. Sie wissen nun, daß Sie Ihrem Ziele doch näher kommen. Nun beginnen auch die Umrisse der Burg zu wachsen, die Einzelheiten treten stärker hervor, und Sie stellen erleichtert fest, daß Sie Ihr Ziel erreichen können. (...)

Die Brücke endet unmittelbar vor einem metallenen Gittertor. Es scheint aus Gold zu bestehen und hat die Form eines Hexagramms. Aber weit und breit ist niemand und nichts zu sehen, um Ihnen dieses Tor zu öffnen. Sie rütteln daran, aber es bleibt verschlossen. Nun treten Sie ein paar Schritte zurück und vibrieren leise den Gottesnamen von Tipharet: JOD

HEH VAU HEH ELOAH VA DAATH. Ein leichtes Zittern geht durch das goldene Gittertor, gleichzeitig beginnt es Wärme abzustrahlen, die sich mehr und mehr bis zu intensiver Glut steigert. Die Lichtintensität dieser Glut wird stärker und stärker, so daß Sie gezwungen sind, die Augen mit den Händen zu bedecken. Die Hitzestrahlung wird so stark, daß Sie ein paar Schritte zurücktreten müssen und dann, wenn Sie glauben Hitze und Licht trotz des Schutzes, den Sie sich geben, nicht mehr ertragen zu können, verschwindet beides ganz unvermittelt. Sie wagen die Hände von den Augen zu nehmen und sehen, daß das Tor verschwunden ist, ganz offensichtlich in seiner eigenen Glut zerschmolzen und verdampft.

Sie begreifen, daß dies die erste Lehre ist, die Ihnen auf der Ebene von Tipharet zuteil wird und die darin besteht, daß Sie sich hier mit Kräften einlassen, die von einer ungeheuren Stärke sind. Der Umgang mit diesen Kräften erfordert Mut und Verantwortung. Diese Kräfte sind, auch darin der Sonne gleich, geeignet, Sie sowohl zum höchsten goldenen Ziel Ihres geistigen Weges zu bringen als auch Sie zu vernichten und zu verbrennen, wie sich das Eingangstor in Ihrer Gegenwart aufgelöst hat. Wenn Furcht Sie überfällt und Sie sich nicht imstande fühlen, sich dieser Kraft zu konfrontieren, dann drehen Sie um und gehen unbehelligt den Weg über die Brücke zurück zur Barke und lassen Sie sich wieder an Ihren Ausgangspunkt bringen. Es bedeutet kein Versagen, sondern hohe Weisheit, sich mit kosmischen Kräften nicht einzulassen, wenn man sich ihnen noch nicht gewachsen fühlt. Fühlen Sie sich aber stark und mit aufrichtiger Gesinnung, und haben Sie Mut, dann durchschreiten Sie den vor Ihnen offenliegenden Tordurchgang und betreten die Burg (. . .).

Im Burghof herrscht ein lebhaftes Treiben, Kommen und Gehen. Knappen in gelben Gewändern bringen weiße Pferde aus den Stallungen in den Burghof. Aus einem offenstehenden Tor, das in das Innere der Burg führt, treten Ritter in goldenen Rüstungen und ebensolchen Panzerhemden gekleidet und lassen sich von den Knappen helfen, die Pferde zu besteigen. Dann reiten sie durch das offenstehende Tor nach draußen und sobald sie den Durchgang passiert haben, erheben sich die Pferde hoch in die Luft und ziehen nach allen Seiten davon. Sie wissen, daß die Ritter in den goldenen Rüstungen die Malachim sind, die Königsboten, durch die der Geist und die Kraft von Tipharet in alle Welt und in alle Natur getragen werden. Niemand scheint Ihre Gegenwart zu bemerken und so entschließen Sie sich, durch das offenstehende Tor in das Innere der Burg zu gehen. Nachdem Sie die Türöffnung durchschritten haben, gelangen Sie in einen Durchgang, der vom goldgelben Licht der in den Wänden steckenden Fackeln erleuchtet wird. Der Gang endet vor einer Wendeltreppe mit steinernen Stufen, die in sechs Windungen nach oben führt. (. . .)

Die Ebene, auf die Sie nun nach der sechsten Windung gelangen, ist eine Mischung zwischen einer großen offenen Terrasse und einer Halle. An die Halle erinnert die Decke aus gelbem Marmor, welche die Terrasse abdeckt. Sie wird an den Ecken von sechseckigen marmornen Säulen getragen. Über eine marmorne Balustrade kann der Blick nach allen Seiten ungehindert in die Landschaft schweifen. In der Mitte der Hallendecke befindet sich eine größere Öffnung in Form eines Hexagramms. Durch diese Öffnung fällt eine Säule aus Licht in den Tempel. Dieses Licht hat eine Farbe, die mit Worten schwer zu beschreiben ist. Unverkennbar ist seine Herkunft von der Sonne am Firmament. Aber die Augen, die in diese Lichtsäule blicken, werden nicht geblendet, weil das grelle Strahlen des Sonnenlichts durch die Beimischung eines hellrosa Farbtons abgemildert wird. Es ist, als würden Sie diese Lichtsäule durch eine hellrosa-getönte Sonnenbrille betrachten. Dieser Lichtschwall ergießt sich in einen goldenen Kelch von etwa sechs Meter Durchmesser, der auf einem lachsroten Kubus steht, der wiederum von einem bernsteingoldenen Pyramidenstumpf getragen wird.

Der gleißende Lichtschwall, der sich von oben her in den Kelch ergießt, ist zuviel für dessen Fassungsvermögen. Aus dem überfüllten Gefäß fließt das Licht über die Ränder des Kelchs nach unten. Aber der Kelch hat die Farbe des Lichtes verwandelt. Aus dem rosafarbenen Licht, das durch die Öffnung in der Decke nach unten strömt, ist nun ein strahlendes Gold geworden, so wie das Licht der Sonne am Abend erstrahlt, wenn sie sich zum Untergang neigt und wir sie mit bloßem Auge zum ersten Mal betrachten können. Kubus und Pyramidenstumpf werden von diesem niederfallenden Licht eingehüllt wie vom Gischt eines Wasserfalls, so daß die ihnen eigenen Farben nur teilweise erkennbar sind. Sobald das niederfallende Licht auf dem Fußboden angelangt ist, strömt es nach allen Seiten nach außen hin und ergießt sich wie Wasser bei einem heftigen

Gewitterregen durch sechseckige Öffnungen in der Balustrade nach draußen. Sie werden gewahr, daß Ihre Füße buchstäblich im goldenen Licht waten.

Nun bemerken Sie, daß Sie nicht allein sind auf dieser Ebene. Auf der Ihnen zugewandten Seite des Kelchs, vor dem fallenden Lichtvorhang, steht der Erzengel Michael. Er trägt eine Kleidung, die derjenigen eines römischen Soldaten nachempfunden ist. Aber er hat keinen Helm, so daß sein lichtglänzendes goldblondes Haar in seiner ganzen Fülle sichtbar wird. Sein rechter Fuß steht auf dem Kopf einer Schlange, die versucht, aus einer Öffnung im Boden nach oben zu gelangen. In den Händen trägt er einen Speer, dessen Spitze eine goldsprühende Flamme ist. Auch sie ist nach unten, auf den Kopf der Schlange gerichtet. Links und rechts, aber in einigem Abstand hinter ihm, befinden sich weitere Gestalten und Figuren, deren Konturen teilweise im niederfallenden Licht verschwinden, so daß Sie sie nicht gänzlich erkennen und identifizieren können. Die Augen des Erzengels sind auf Sie gerichtet, als hätte er Sie erwartet. Sie geben das Begrüßungszeichen, indem Sie die Handflächen aneinanderlegen und sie dann in einer Vorwärtsbewegung nach vorne und außen hin bis auf Schulterhöhe öffnen. Sie sind nun bereit, vom Erzengel Michael die Lehren dieser Sphäre zu empfangen und nach einer Weile hebt der Erzengel zu reden an: (. . .)

›Du hast dir durch deine Bemühungen die Möglichkeit erworben, in dieser Sphäre das Licht vom Großen Licht zu erblicken. Das Eine Große Licht, das sich in vielfältigen Formen zeigt und das in allem ist, so auch in dir. So

131

empfange denn deinen Namen auf dieser Sphäre, obgleich sich erst noch erweisen muß, ob du seiner auch würdig bist: Dein Name sei ›Licht vom Lichte‹. Wenn du diesen Namen mitnimmst in die Sphäre, aus welcher du kommst, wirst du zum Lichtträger, denn das Licht braucht dich, um in die tiefsten Tiefen zu leuchten, ebenso wie du das Licht brauchst. Ich kann die Grenze nach unten zu deiner Sphäre so wenig überschreiten wie du die Grenze nach oben zur Sphäre, aus welcher ich stamme. Wenn du wissen willst, was es bedeutet, Lichtträger zu sein, Licht vom Lichte zu sein, so wende jetzt deine Schritte nach links und gehe einmal um den Kelch herum. Halte deine Augen offen und betrachte, was sich deinem Blick bietet. Denn in dem, was sich deinen Augen in diesem Tempel darbietet, ist alles enthalten und erkennbar, was du brauchst, um deinem neuen Namen ›Licht vom Lichte‹ gerecht zu werden. Es ist alles da, du mußt es nur finden und *verstehen*. Nur wer das Göttliche zu verstehen gelernt hat, hat es wahrhaft gefunden.‹

Sie wenden sich nun, der Weisung des Erzengels Michael entsprechend, nach links und Ihr Blick fällt von der Balustrade der Terrasse auf die überwältigende Schönheit einer Frühlingslandschaft. Das Weiß der blühenden Obstbäume vermischt sich mit dem leuchtenden Grün der ersten sprießenden Pflanzen und Sie atmen den Duft von frischer Erde und lebensspendendem warmen Regen ein. Sie sehen von Blumen buntgesprenkelte Wiesenteppiche und an Ihr Ohr dringt das Rauschen der Bäche, die mit dem Wasser des frisch geschmolzenen Schnees angefüllt sind. Nach langem Winterschlaf bricht neues Leben aus der Natur hervor. (...)

Sie wenden Ihren Blick nun wieder nach der Mitte des Tempels und bemerken, daß die aus dem Kelch niederfallenden Lichtfontänen sich etwas zurückgezogen haben, so daß die Figuren, die Sie vorher mehr erahnen als wahrnehmen konnten, nun deutlich zutagetreten. Ihr Blick fällt auf ein kleines Kind, nur wenige Tage oder Wochen alt, das auf einem Büschel gelben Strohs liegt. Es hat die Augen offen und blickt staunend in die Welt um sich herum, und seine Händchen versuchen, in ungeschickter und unerfahrener Weise, die Welt zu ›begreifen‹. (. . .)

Sie schreiten nun langsam an der Balustrade entlang, den Blick immer wieder in die blühende Frühlingslandschaft richtend und kommen dann zu einer zweiten Figur. Es ist ein junger, nackter Mann, der auf einem steinernen Kubus sitzt, den Körper entspannt und leicht zurückgelehnt. Seine Augen sind geöffnet, aber tief nach innen gerichtet, als ob sie dort ein wundersames Mysterium erblicken würden. In seiner linken Hand trägt er eine reife rote Traube und sein rechter Arm umschlingt lässig einen langen Stab, der von Efeu spiralförmig umwachsen wird und oben an der Spitze einen Pinienzapfen trägt. Sie erkennen in diesem in sich gekehrten Mann den Gott Dionysos. Sie bleiben eine Weile in Betrachtung vor dem Gott stehen und es scheint Ihnen, als ob durch diese Betrachtung auch in Ihnen etwas von diesem Mysterium, das er schaut, lebendig und fühlbar würde (. . .). Die Gesichtszüge des Gottes kommen Ihnen bekannt vor und Sie entdekken, daß sie das Antlitz des erwachsen gewordenen Kindes auf dem Strohbündel zeigen.

Nachdem Sie sich von der Betrachtung gelöst haben, setzen Sie Ihre Wanderung fort, und Ihr Blick schweift wieder über die Balustrade hinaus in die Weite. Die Landschaft hat sich verändert. Was Sie nun erblicken, ist nicht mehr das Keimen und Sprießen des Frühlings, sondern der volle Glanz des sonnendurchfluteten Sommers. Sie sehen weite, im Wind sanft wogende goldgelbe Kornfelder und die Landschaft glüht vor Licht und Leben. Indem Sie die Augen über diese Sommerlandschaft gleiten lassen, gehen Sie langsam an der Balustrade entlang, dann wenden Sie sich um und stehen vor der nächsten Figur.

Es ist ein König, ausgestattet mit den Insignien eines Königs, einer Krone auf dem Kopf, in den Händen Szepter und Reichsapfel. Sein Körper ist in einen purpurnen Mantel geschlungen. Ruhig und aufrecht steht er da und auch seine Gesichtszüge sind die gleichen wie die des Gottes Dionysos, nur älter geworden, und der Blick ist nicht mehr nach innen, sondern wach und bewußt auf Sie gerichtet. Sie bleiben eine Weile vor dem König stehen und setzen sich der Kraft seiner Augen aus, die ein stummes Zwiegespräch mit Ihnen zu suchen scheinen (...).

Sie lösen sich von dem Blick des Königs und schreiten weiter zur Südwestecke der offenen Halle. Sie blicken über die Balustrade nach Westen und wiederum hat sich die Landschaft verändert. Aus der sonnendurchglühten Kraft des Sommers ist die milde Reife des Herbstes geworden. Die Getreidefelder sind abgeerntet, die Obstbäume biegen sich unter der Last ihrer Früchte und Sie sehen wie Menschen damit beschäftigt sind, die Ernte einzubringen. Durch die Luft weht ein leises Ahnen von Abschiednehmen, Sterben, Schlafen, das Ihnen aber keine Angst oder Furcht einjagt (. . .).

Sie wenden sich um und stehen vor einem geöffneten steinernen Sarkophag. Darin liegt ein alter Mann, so alt, daß er schon wieder alters- und zeitlos wirkt. Auch sein Antlitz ist das altgewordene Gesicht des Kindes, des Gottes und des Königs. Er ist in einen braunen Mantel gehüllt, der mit goldenen Fäden durchwirkt ist. Im Schein des vom Kelch herunterflutenden Lichtes wirken diese Goldfäden auf das äußerste lebendig und erstrahlen in immer neuem Glanz. Ihr Blick fällt auf die Worte, die in die Längswand des steinernen Sarkophags eingemeißelt sind: C. R. POST CXX ANNOS PATEBO (in einhundertzwanzig Jahren werde ich wieder offenbar werden). Von dem alten Mann im Sarkophag geht eine ungeheure Lichtfülle aus, aber es ist eine Lichtfülle, die Sie weniger sehen, als vielmehr spüren. Sie bleiben eine Weile vor dem Sarkophag stehen, lassen sich von dem davon ausgehenden Licht und seiner Kraft durchdringen und können versuchen, ob es Ihnen gelingt, den Sinn der rätselhaften Worte zu entschlüsseln (. . .).

Sie lösen sich nun von dem Anblick und schreiten langsam der Westbalustrade entlang und lassen Ihren Blick immer wieder in die Herbstlandschaft hinausschweifen. Wenn aus Ihrem Inneren heraus Gedanken, Gefühle und Empfindungen steigen, dann lassen Sie es zu und geben Sie sich ihnen hin (. . .).

Nun gelangen Sie zur Nordwestseite des Tempels. Es kann sein, daß Sie zunächst erschrecken, denn Sie stehen unvermittelt vor einem großen, auf dem Boden ruhenden Löwen. Er hat den Kopf erhoben und schaut Sie unverwandt ruhigen Blickes an. Aber Sie merken sogleich, daß Ihre Angst unbegründet ist, denn dicht neben dem Löwen ruht ebenfalls auf dem Boden ein Lamm. Auch dieses Lamm hat seinen Blick auf Sie gerichtet und auch hier entdecken Sie, daß Löwe und Lamm, so verschieden sie auch in ihrer äußeren Form sein mögen, das gleiche Gesicht tragen. Sie bleiben stehen in ruhiger Betrachtung dieses Bildes von Eintracht und Frieden. Vielleicht haben Sie sogar den Mut sich niederzulassen und sich von dem Gang um die Halle auszuruhen, indem Sie sich an den warmen, kräftigen Leib des Löwen anlehnen und mit Ihrer Hand durch das feine, gelockte Fell des Lammes streichen (. . .).

Nachdem Sie eine Weile bei Lamm und Löwe geruht haben und sich von ihrer Kraft des Friedens und des Ausgleichs haben durchströmen und stärken lassen, fühlen Sie, daß es Zeit ist, die Reise fortzusetzen. Sie erheben sich und Ihr Blick fällt über die Steinbalustrade nach Norden in eine tiefverschneite Winterlandschaft. Die abgeernteten Felder ruhen unter einer dicken weißen Decke bis die Zeit von neuem gekommen ist, daß das immerwährende Leben aus der ausgeruhten Erde empordringen und sich entfalten kann. Sie wenden sich nach rechts und gelangen wieder vor den Erzengel Michael.

Michael ist nicht mehr allein, sondern zu seiner Linken befindet sich Christus. Christus, so wie Sie ihn vor Ihrem inneren Auge immer gesehen und erlebt haben, und auch er trägt die gleichen Gesichtszüge wie alle Gestalten, denen Sie auf Ihrer Wanderung begegnet sind. Er trägt ein schlichtes Holzkreuz in seiner rechten Hand und an der Stelle, wo sich die beiden

Kreuzbalken schneiden, befindet sich eine voll-
erblühte goldene Rose (. . .). Der Erzengel Michael nimmt das Kreuz aus der Hand des Christus, reicht es Ihnen und spricht die Worte:
›Nimm dein Kreuz auf dich.‹ Das heißt, du
mußt selbst zum Kreuz werden, indem sich die
Gegensätze in dir zur Einheit verbinden, Löwe
und Lamm in dir Frieden geschlossen haben,
und der Löwe Löwe und das Lamm Lamm sein
darf. Wenn du so zum Kreuz geworden bist,
dann wird die goldene Rose auch aus deinem
wahren Herzen heraus sich entfalten und blühen. Ich erinnere dich noch einmal daran, daß
ich die Grenzen nach unten so wenig überschreiten kann wie du die Grenzen nach oben.
Soll das Licht unten in der Welt strahlen und
sie hell machen, braucht das Licht dich – den
Lichtträger, der Licht vom Lichte ist. Trage
dein Kreuz in die Welt und in der Welt, bis es
sich dereinst – wenn du wiederkehren wirst –
zum Tyrsus-Stab gewandelt hat, zum Schlüssel,
der die oberen Sphären erschließt. Der Geheimnisse sind viele auf dieser Ebene, doch ist
alles da und du hast alles gesehen, was es
braucht, um sie entschlüsseln und zu verstehen.
Noch einmal: Nur wer das Göttliche zu verstehen gelernt hat, hat es wahrhaft gefunden.
Wenn du noch Fragen hast, so frage und wenn
es mir möglich ist, zu antworten, werde ich
antworten.‹

[*An dieser Stelle drei bis sieben Minuten Pause für
das Zwiegespräch mit dem Engel.*]

Sie fühlen nun, daß es Zeit ist für die Rückkehr in die Sphäre, aus der Sie kommen. Sie
verabschieden sich, bedanken sich beim Engel,
indem Sie sich mit dem Kreuz, das Sie nun
tragen, leicht verneigen, dann drehen Sie sich

137

um und sehen, daß Sie genau am Anfang der Wendeltreppe stehen, die wiederum in die Tiefe führt. Sie steigen die sechs Windungen hinab (. . .) gehen dann zurück durch den gedeckten Gang zum Burghof (. . .). Sie durchschreiten das Tor und betreten die Brücke. Ein singendes Geräusch wie von vibrierendem Metall läßt Sie kurz noch einmal den Kopf wenden und Sie sehen, daß die Burg wieder mit dem goldenen Hexagramm verschlossen ist. Dann beginnen Sie den Weg über die Brücke. Alle Furcht ist von Ihnen gewichen. Es ist, als ob das Kreuz bewirke, daß die Balken der Brücke nicht ins Schwingen geraten und Sie sicheren Schrittes über den nebelverhangenen Abgrund gehen können (. . .). Wenn Sie auf der anderen Seite angekommen sind, setzen Sie Ihren Fuß auf den festen Boden und schreiten zurück durch den Hohlweg zum Ufer des großen Wassers (. . .). Sie sehen die Barke mit dem Fährmann, die auf Ihre Rückkehr wartet. Sie besteigen die Barke, der Fährmann steuert erneut hinaus auf das große Wasser [*an dieser Stelle kann wieder Musik einsetzen*]. (. . .)

Nach einer gewissen Zeit stößt der Kiel der Barke auf Grund. Sie steigen aus, bedanken sich mit Gesten oder Worten beim Fährmann und betreten das Ufer. Sie fühlen sich leichter und leichter werden, heben vom Boden ab und schweben zurück dorthin, woher Sie gekommen sind. (. . .) Erneut sehen Sie Felder, Wälder und Berge unter Ihnen weggleiten bis Sie spüren, daß sich Ihr Flug allmählich zur Erde neigt. (. . .) Sanft stoßen Sie auf dem Grund auf und werden gewahr, daß Sie sich in dem Raum befinden, von wo Sie ausgegangen sind. Sie spüren die Schwere Ihres Körpers wieder. Sie testen einen Moment die Bewegungsfähigkeit des Körpers. Bewegen Sie die Zehen, die Fingerspitzen, atmen Sie einige Male tief durch, reiben Sie sich mit der rechten Hand die Stirn oberhalb der Nasenwurzel und öffnen Sie dann die Augen. Zur Bekräftigung, daß Sie wieder in der körperlichen Sphäre sind, schlagen Sie mit dem rechten Fuß oder der rechten Hand zehnmal auf den Boden.«

Analyse

Auch diese Reise in die Sphäre von Tipharet wollen wir nun in ihren Grundzügen analysieren. Dabei ist aber zu bedenken, daß diese Analyse nicht den ganzen Umfang der Geheimnisse enthüllen kann, von denen der Erzengel Michael gesprochen hat. Sie kann für den Sphären-Wanderer nur richtungsweisend sein, ein erster Blick auf die Oberfläche. Er wird noch viele Reisen in diese Sphäre benötigen, bis sich die tieferen Schichten dieser Geheimnisse nach und nach enthüllen und erst dann – wie der Erzengel Michael gesagt hat – wenn sich das Kreuz in Ihnen in den Tyrsus-Stab des Gottes verwandelt hat, werden die Geheimnisse offenbart sein. Dann wird auch der Weg in die höheren Sphären sich öffnen, der jetzt noch geschlossen ist und solange geschlossen bleiben muß.

Der Anfang der Reise nach Tipharet geschieht in der genau gleichen Weise, wie sie der Leser bereits von der Reise nach Jesod und zurück kennt. Das einzige, was sich in dieser Vorbereitungsphase geändert hat, ist die Farbe des Segels der Barke. Auf der Reise nach Jesod war die Farbe des Segels Silber, die Farbe des Mondes, nun ist es in strahlendem Goldgelb, der Farbe der Sonne, gehalten. Auch das große Wasser, über das die

Barke fährt, trägt einen anderen Charakter. Bei Jesod war es die Vollmondnacht, nun ist es die goldene Morgendämmerung, genau die Phase, wo die Sonne über den Horizont steigt und beginnt, alles mit ihrem Licht zu erhellen. Die Hängebrücke, die über das Nebelmeer zur Burg führt, in der sich der Tempel von Tipharet befindet, überspannt den fünfundzwanzigsten Pfad am Baum des Lebens. Der kritische Leser stellt hier die Frage, warum denn der fünfundzwanzigste Pfad überbrückt und nicht begangen, das heißt bearbeitet, wird. Die Überlegung, die dieser Frage zugrunde liegt, ist in der Theorie durchaus berechtigt, aber die praktische Erfahrung hat gezeigt, daß es in jedem Falle besser ist, einen zwei Sephirot miteinander verbindenden Pfad erst dann zu bearbeiten, wenn die so verknüpften Sephirot jeweils einzeln gründlich und mehrmals bearbeitet worden sind. Dieser fünfundzwanzigste Pfad ist beim Gang über die Brücke überall präsent durch die Geräusche, die von unten heraufdringen und die Gefahr anzeigen, die es bedeutet, durch Nachlässigkeit ungeschützt in die Tiefe dieses fünfundzwanzigsten Pfades, auf dem die elementaren Kräfte in einer ständigen Auseinandersetzung sind, zu stürzen.

Im goldenen Hexagramm, das den Zugang zur Burg von Tipharet erschließt, haben wir drei Zuordnungen zu dieser Sephira. Da ist zunächst einmal die Zahl sechs (Tipharet ist die sechste Sephira am Baum des Lebens) und der Sphären-Wanderer wird dieser Zahl noch in verschiedensten Formen begegnen. Gold ist sowohl die Farbe wie das Metall von Tipharet. Dieses Tor öffnet sich durch Aussprechen des Gottesnamens von Tipharet JOD HEH VAU HEH ELOAH VA DAATH. Die Bedeutung dieses Gottesnamens kann ungefähr mit »der Allwissende« wiedergegeben werden. Dabei sollte beachtet werden, daß der Begriff »Allwissend« eher mit »Urwissen« verbunden werden sollte. Ein Wissen also, in dem alles enthalten, und das

140

auch von Urzeiten her vorhanden ist. Es ist das Wissen um das Wesen des Göttlichen schlechthin. Ein Wissen – wie der Erzengel Michael später erläutern wird –, das man finden und verstehen lernen muß.

Die Ritter im Burghof verkörpern die »Malachim«, die Engel von Tipharet. Das hebräische Wort Malachim bedeutet seinem ursprünglichen Sinne nach »Könige«, ist aber hier mehr im Sinne von »Boten« zu verstehen, wie wir schon an anderer Stelle gesehen haben (Seite 67). Durch die Malachim wird die göttliche Kraft von Tipharet bis in die entferntesten Winkel unseres Erdreichs getragen. Ihrer Funktion nach haben die Malachim eine große Ähnlichkeit mit den Rittern des Grals und sind deshalb in ihrer äußeren bildhaften Erscheinung diesen nachempfunden. Die Wendeltreppe, die nach oben in die offene Tempelhalle führt, ist mit den sechs Windungen wiederum der Zahl von Tipharet verbunden. Gleichzeitig stellt sie eine Spirale dar und weist damit auf die Art und Weise hin, wie sich evolutionäre Bewegung sowohl unten wie oben zeigt. Im »Unten« der materiellen Ebene ist die Spirale die Bewegung, die sich ergibt, wenn man den Lauf der Erde um die Sonne mit der Fortbewegung der Sonne durch den Kosmos addiert. Da der Mensch an den Planeten Erde gebunden ist, macht jeder, ob er darum weiß oder nicht, diese spiralförmige Bewegung mit. Zugleich aber ist die Spirale auch das Symbol des geistigen Entwicklungsweges der Menschen, ein Weg, der kreisförmig immer wieder zum Ausgangspunkt zurückführt, indessen diesen Ausgangspunkt auf einer höheren Ebene wieder erreichen sollte. So verkörpert die Wendeltreppe auch den spirituellen Aufstieg, der mit dem Erreichen der Sphäre von Tipharet vollzogen wird. Die offene Tempelhalle von Tipharet ist vielleicht mit allen ihren Einzelheiten auf Anhieb nicht leicht zu visualisieren, weshalb die Planskizze für den Anfang eine Hilfestellung zu geben vermag.

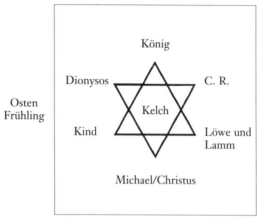

In der Mitte der Tempelhalle steht der große Kelch, um den die Figuren in Form eines Hexagramms angeordnet sind. Die Circumambulatio (Umwanderung) beginnt und endet beim Erzengel Michael. Michael ist der Krieger unter den vier großen Erzengeln, die zusammen den höchsten Gottesnamen bilden. Seine Aufgabe ist, das untere vom oberen zu trennen und dafür zu sorgen, daß nichts von unten her unbefugt oder zur Unzeit den Tempel von Tipharet betreten kann. Dies zeigt sich zum Beispiel darin, daß sein Fuß den Kopf einer Schlange tritt, die eben versucht, von unten her in den Tempel einzudringen. Diese Schlange ist ein Geschöpf des fünfundzwanzigsten Pfads, das als Reptil ohne höheres Bewußtsein keinen Zugang zu dieser Sphäre hat. Wir alle tragen die Schlange in dieser primitiven Form in unseren Herzen. Aber erst wenn sie sich zur goldenen Rose gewandelt hat, die aus unserem wahren Herzen (Herzchakra) heraus erblüht, sind wir der Initiation von Tipharet ganz teilhaftig geworden.

Die Lehre in Worten, die der Erzengel Michael gibt, geschieht jeweils am Anfang und am Ende dieser Circumambulatio. Sie ist die »gehörte« Lehre, die von Mund zu Ohr geht. Was der Sphären-Wanderer auf seiner Circumambulatio mit den Augen wahrnimmt, ist die »geschaute« Lehre, und die jeder, der mit dieser geschauten Lehre konfrontiert wird, in ihrer Tiefe selbst entschlüsseln und formulieren muß.

Durch eine Öffnung im Dach des Tempels in Form eines Hexagramms fällt rosafarbenes Licht in den großen Kelch. Dieses rosafarbene Licht ist das Licht vom Lichte aus Kether. Oberhalb des Tempeldachs ist dieses Licht reines Sonnenlicht, das vom menschlichen Auge nicht betrachtet werden kann, ohne daß es Schaden nimmt. Sobald dieses Licht vom Lichte durch die Öffnung in den Tempel gelangt, wird es in eine Form umgewandelt, in der es vom menschlichen Auge eben noch ertragen und geschaut werden kann. Diese Umwandlung wird durch die Farbe Hellrosa zum Ausdruck gebracht. Im Kelch geschieht dann noch einmal eine Umwandlung in die goldgelbe Farbe von Tipharet, die das Sonnenlicht symbolhaft ausdrückt. Der Kelch ruht auf einem lachsfarbenen Kubus. Der Kubus ist ebenfalls ein Symbol von Tipharet, was auf den ersten Anblick hin überraschend sein mag; mit seinen Ecken und Kanten gehört der Kubus doch viel eher nach Malkuth. Der Kubus als Symbol drückt hier das Prinzip der Umwandlung in und durch Tipharet aus. Wir dürfen nicht vergessen, daß wir die Kraft von Tipharet nur in Formen und Bildern erblicken können, wie sie unserem Standort im Malkuth, gesehen durch die Formenwelt von Jesod, entsprechen. Stünde uns diese Formenwelt nicht zur Verfügung, wären die Erfahrung und Vision von Tipharet nur reines strahlendes Licht. Dieses strahlende Licht kann für den Menschen bestenfalls eine mystische Schau sein, aber es führt nicht zum Verstehen, das nach den Worten des

143

Erzengels Michael Voraussetzung für die Gottesfindung ist. Deshalb muß die Energie von Tipharet sich in Formen zum Ausdruck bringen, die anderen Sphären entstammen als Tipharet selbst. Dies ist es, was mit dem Symbol des Kubus gemeint ist.

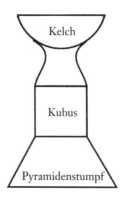

Der Kelch hat vielleicht manchen Leser eine Verbindung zum Heiligen Gral ziehen lassen. Diese Assoziation ist durchaus richtig und das eben Gesagte kann auch als Erklärung dienen, warum der Gral in der literarischen Tradition in zwei Formen beschrieben wird: einmal als Kelch und einmal als (kubischer) Stein. Der Gral als Kelch zeigt seine Funktion als Transformator göttlicher Energie und seine Erscheinung als Stein steht für die Art und Weise, wie sich diese umgewandelte Energie auf unserer irdisch-materiellen Ebene auswirkt.

Der Gral (ein Kubus) steht auf einem goldgelben Pyramidenstumpf. Der Pyramidenstumpf ist ein Tipharet zugeordnetes Symbol, durch welches zum Ausdruck gebracht wird, daß die persönlichen Bemühungen des Menschen zu seiner spirituellen Entwicklung notgedrungenermaßen auf der Ebene von Tipharet enden müssen. Die Pyramide verkörpert das nach oben strebende Bemühen des Menschen, das auf einer breiten Basis beginnt und letztlich in einem Punkt, das heißt beim Göttlichen, endet. Ein Pyramidenstumpf entsteht, wenn man eine Pyramide in der Mitte waagerecht entzweischneidet. Der untere Teil, der Pyramidenstumpf, bildet dann die materielle Basis, womit wir Menschen umgehen können – ihn in diesem Falle besteigen können. Der obere Teil der Pyramide bis hin zur Spitze ist dann nur noch als eine Idee vorhanden und für den Menschen materiell nicht mehr erreichbar. Soll unter diesen Umständen gleichwohl eine Vereinigung mit dem Göttlichen erfolgen, so muß das Göttliche wohl oder übel von oben nach unten kommen, da dem Menschen ein Höherkommen aus eigener Kraft nicht möglich ist. Für den etwas fortgeschrittenen Esoteriker wird dadurch ohne weiteres auch verständlich, warum Tipharet ganz allgemein als Ort der Initiation, der Einweihung betrachtet wird. Das Licht des Tempels von Tipharet weist vier Farbstufen auf. Oberhalb des Kelchs ist es ein helles Rosa, das sich im Kelch zu Gold wandelt. Der Kubus ist lachsfarben und der Pyramidenstumpf bernsteingold. Wer bereits einige Kenntnisse in der Kabbala besitzt, wird sofort merken, daß es sich bei diesen vier Farbabstufungen um die Farben der sogenannten vier kabbalistischen Welten von Tipharet handelt. Hellrosa ist die Farbe von Atziluth, Bernsteingold diejenige von Briah, Lachsrot gehört zu Jetzirah und das Goldgelb des Pyramidenstumpfs verweist auf Assiah.

Bei der Circumambulatio um den Kelch begegnet der Wanderer zunächst dem Kind. Das Kind ist das erste magische Bild von dreien, die der Sphäre von Tipharet zugeordnet sind. (Tipharet ist die einzige Sephira am Baum des Lebens, die drei magische Bilder hat.) Auch hier ist die Assoziation zum Christuskind sofort gegeben. Das magische Bild des Kindes weist auf den oben geschilderten Umstand hin, daß – weil der

Mensch über Tipharet aus eigenem Bemühen nicht hinauskommt – eine Vereinigung mit dem Göttlichen nur möglich ist, wenn sich das Göttliche aus der Höhe von Kether nach unten bewegt. Dieses »Nach-unten-Bewegen«, in dichtere Sphären, bedeutet aber für das Göttliche eine Verminderung. Diese Verminderung oder Verkleinerung wird im Symbol des Kindes zum Ausdruck gebracht. Das Stroh, worauf das Kind liegt, ist das, was übrig bleibt, wenn das Korn ausgedroschen ist. Stroh, und besonders leergedroschenes Stroh, kann aus diesem Grunde mit allem in Verbindung gebracht werden, was einmal war und jetzt nicht mehr ist. Wenn es wieder sein soll, muß es erneuert werden. In diesem Sinne ist das Kind auf Stroh auch ein Symbol dieser Erneuerung.

Die nächste Station der Circumambulatio ist der griechische Gott Dionysos. Es mag vielleicht seltsam erscheinen, daß diese Figur der griechischen Mythologie in einer Sphäre auftaucht, die grundsätzlich kabbalistisch bestimmt ist. Doch ist der Gott Dionysos am besten geeignet, den Zugang zu den tiefsten Geheimnissen der Sphäre von Tipharet zu ermöglichen.

Dionysos wird als der »zweimal Geborene« oder das »Kind des doppelten Tores« bezeichnet. Beides weist auf die Eigenschaft des Gottes hin, den Wandlungsaspekt von Tipharet zum Ausdruck zu bringen. Ein Tor oder eine Tür bezeichnet eine Grenze zwischen zwei Räumen. Jedes Durchschreiten einer Tür steht also für den Wechsel von einem Raum in den andern. Dionysos verkörpert also die Urkraft der von Kether herunterstürzenden göttlichen Energie, die zunächst gestaltloses Licht ist und sich dann – sobald sie die Sphäre von Tipharet erreicht hat – in die von Dionysos angenommene Form wandelt. Deshalb ist Dionysos auch der zweimal Geborene. Seine erste Geburt erfolgt aus dem grenzenlosen Licht heraus, das sich in Kether manifestiert und seine zweite Geburt ist seine formhafte Erscheinung auf der Ebene von Tipharet. Nach der Überlieferung des Mythos ist Dionysos das Kind von Semele, der Tochter des thebanischen Königs Kadmos und der Harmonia (Tipharet bedeutet unter anderem auch Harmonie). Zeus liebt sie und vereinigt sich mit ihr in der Gestalt eines schönen Jünglings. Aber die eifersüchtige Gattin des Zeus, Hera, nimmt die Gestalt der Amme Semeles an und überredet die Arglose, von Zeus zu erbitten, er solle ihr in seiner göttlichen Herrlichkeit erscheinen. Semele äußert den verhängnisvollen Wunsch und Zeus, der ihr die Erfüllung im voraus geschworen hat, ist gezwungen, ihre Bitte zu erfüllen. So verwandelt er sich denn in das urgöttliche Licht und die Flammen, die von ihm ausgehen, verzehren die sterbliche Frau. Unter den Flammen, aber von kühlendem Efeu umrankt, wird das zarte Kind Dionysos geboren, das der göttliche Vater – bis es lebensfähig wird – in seinen Schenkel verschließt. Aus dem Schenkel des Zeus geht Dionysos zum zweiten Mal hervor und ist also auch so gesehen der zweimal Geborene. Das Heranwachsen des göttlichen Kindes Dionysos ist gekenn-

Tyrsus

zeichnet von Irrfahrten, Raubzügen, Verrücktheit, Zerstörung, Rausch und Leiden. Dionysos repräsentiert die Menschheit. Sein unbändiges Temperament, seine destruktiven Tendenzen, seine Trunkenheit und Genußsucht sind alles negative Züge, die dem Menschen zu eigen sind, und die er zu überwinden hat, bevor es ihm gelingen kann, Gottheit zu erlangen.

Als Kind eines Gottes und einer Menschenfrau verkörpert Dionysos auch den Verbindungsaspekt zwischen der oberen und der unteren Hälfte des Baums des Lebens, den Tipharet innehat. Sein Attribut ist der Tyrsus-Stab, ein hölzerner Stab von Efeu umwunden, an dessen Spitze ein Pinienzapfen befestigt ist. Der immergrüne Efeu ist ein Symbol der immerwährenden Lebenskraft oder anders ausgedrückt, ein Hinweis auf eine Form, in der sich das Leben trotz aller äußeren Einflüsse und Wandlungen erhalten und fortpflanzen kann. Der Pinienzapfen an der Spitze des Tyrsus-Stabes ist ein Symbol des sogenannten dritten Auges, des von der indischen Yoga-Lehre her bekannten sechsten Chakras, das sich auf der Stirn oberhalb der Nasenwurzel befindet. Das dritte Auge ist das Kraftzentrum, das uns Ein-Sicht vermittelt, Ein-Sicht in höhere und tiefere Ebenen des Kosmos und unseres Seins. Diese Einsicht kann erfolgen mittels Rausch, Ekstase – die eine Seite des Gottes Dionysos – oder mittels Meditation und Versenkung, seine andere Seite, der wir auf unserer Circumambulatio begegnen. Wer den fünfundzwanzigsten Pfad zwischen Jesod und Tipharet bearbeitet hat, wird erkennen, daß Dionysos auch eine Höhertransformierung der Energie dieses Pfades darstellt.

Der junge König, zu dem wir auf der nächsten Station unserer Circumambulatio gelangen, ist das zweite magische Bild von Tipharet. Er ist das zum Mann gereifte Kind, dem wir am Anfang unseres Umgangs begegneten, in der Vollblüte seiner Jahre. So wird dieser junge König auch zum Ausdruck der göttlichen Kraft in einer Form, die uns erlaubt, damit umzugehen, das heißt, sie zu betrachten und mit ihr zu kommunizieren. Deshalb blickt der junge König, im Gegensatz zu Dionysos, nicht nach innen, sondern richtet seinen Blick aufmerksam auf uns, bereit, uns wahrzunehmen und mit uns in Verbindung zu treten.

Es fällt auf, daß die geschauten Figuren allesamt männlichen Geschlechts sind. Dies dürfte aus heutiger Betrachtungsweise heraus leicht zu einem Mißverständnis führen. Alle geschauten Figuren sind Bilder des von Kether, dem Urgöttlichen herunterströmenden Lichts. Herunterströmen ist ein dynamischer Prozeß. Bewegung, dynamische Prozesse werden in der kabbalistischen Terminologie als männlich bezeichnet und entsprechend bildhaft ausgedrückt. Weiblich wird die aufnehmend empfangende, bergende und transformierende Energie bezeichnet, die in diesem Falle vom Sphären-Wanderer verkörpert wird, unabhängig davon, ob es sich dabei um eine Frau oder einen Mann handelt.

Die nächste Station führt uns zum Sarkophag mit dem alten Mann. Die Initialen C. R. auf dem Sarg machen deutlich, daß es sich bei diesem alten Mann um die Person handelt, die wir allgemein mit dem Namen Christian Rosenkreutz zu bezeichnen pflegen. Vater C. R. verkörpert hier die Bergung und Konservierung der Lehre, das Hinüberretten dieser Lehre in Epochen, die besser geeignet sind, ihren Sinn zu erfassen, als die vielleicht gegenwärtige. Die Legende von Vater C. R. erzählt, daß Vater C. R. lange Jahre den Nahen Osten durchwanderte und dort Lehre und Initiation empfing. Als er in sein Land zurückkehrte, mußte er feststellen, daß die Zeit für das Offenbarwerden dieser Lehre noch nicht gekommen war. So behielt Vater C. R. die Lehre bei sich, und als er im Alter von einhundertsechs Jahren starb, wurde er an einem geheimen Ort beigesetzt. Hundertzwanzig Jahre lang blieb seine Grabstätte verborgen, dann wurde sie durch einen Zufall wiederentdeckt. In der Grabkammer fand man die Symbole und Figuren sowie die Schriften von Vater C. R., der Leichnam selbst war unversehrt. Man entnahm dem Grabgewölbe die Schriften und versiegelte die Grabstätte erneut. Die Inschrift auf dem Sarkophag IN CXX ANNOS PATEBO kann hier mit folgender Symbolik gesehen werden: Die Zahl hundertzwanzig ist eine Multiplikation der beiden kabbalistischen Ganzheitszahlen zehn und zwölf. Diese Ganzheit ist die Lehre, die durch den Akt der Multiplikation immer wieder nach vorne, in neue Epochen hinein, transportiert wird. Das braune Gewand des Vaters C. R. symbolisiert als Analogie von Aussaat und Ernte die bergende Erde und die goldenen Fäden, womit dieses Braun durchwirkt ist, ist die Saat, die in der Erde wartet, bis die Zeit gekommen ist, von neuem zu wachsen und zu blühen. (Mehr zur Rosenkreutzer-Symbolik findet der Leser in meinem Buch *Sieben Säulen der Esoterik*, Verlag Hermann Bauer, Freiburg i. Br.)

Spätestens hier dürfte dem aufmerksamen Sphären-Wanderer aufgefallen sein, daß der Umgang um den Kelch eine enge Verbindung zum Ablauf der Jahreszeiten aufweist. Der Umgang beginnt im Nordosten beim kleinen Kind. Das Kind steht für das Fest der Wintersonnenwende, für den Tag, an dem das Licht zum ersten Mal wieder an Intensität und Stärke gewinnt. Die Wintersonnenwende, der Tag, an dem sich das Licht erneut gegen die Dunkelheit durchzusetzen beginnt, kann als Beginn des Frühlings betrachtet werden. Deshalb schweift auch der Blick des Sphären-Wanderers, nachdem er dem kleinen Kind begegnet ist, hinaus in die Frühlingslandschaft.

Südosten, die Position von Dionysos, entspricht der Frühlings-Tag- und Nachtgleiche. Das Kind ist herangewachsen und schickt sich an, in der Gestalt des

Gottes Dionysos die Herrschaft über die Dunkelheit endgültig an sich zu reißen.

Die Position des jungen Königs im Süden entspricht dem Fest der Sommersonnenwende. Das Licht der Sonne erstrahlt nun hier in höchstem Glanz, was den Charakter der sommerlichen Landschaft prägt.

Südwesten entspricht der Herbst-Tag- und Nachtgleiche. Das Licht geht an Intensität zurück und es ist Zeit, das zu ernten und zu bergen, was in Licht und Wärme des Sommers heranreifen konnte. Der Südwesten ist auch die Position von Vater C. R.

Im Nordwesten nun gelangen wir zu Löwe und Lamm, die friedlich beieinander ruhen. Die beiden verkörpern das Ziel, das es auf der Ebene von Tipharet zu erreichen gilt: Ausgewogenheit, Harmonie, Frieden. Die Harmonie zwischen Löwe und Lamm ist kein fauler Friede, kein oberflächlicher Kompromiß und schon gar nicht ein von außen diktierter Zwang. Das Wesen der Harmonie zwischen Löwe und Lamm besteht gerade darin, daß – wie der Erzengel sagt – »der Löwe Löwe sein darf und das Lamm Lamm«.

Gerade in der Verbindung mit dem Jahreslauf hat der Sphären-Wanderer wahrscheinlich längst gemerkt, daß es sich bei dieser Reise zum Erzengel Michael im Tempel von Tipharet um weit mehr handelt, als um ein großes Bild oder eine Vision. In dieser Vision ist ein starkes Ritual enthalten, das vom Sphären-Wanderer in der beschriebenen Weise immer und immer wieder in seinem Innern nachvollzogen werden kann. Jedesmal, wenn dieses Ritual durchgeführt wird, werden im Innern desjenigen, der es zelebriert, Kräfte geweckt und Prozesse in Gang gesetzt, die ihn letztlich zur Initiation von Tipharet führen werden.

Nachdem der Umgang abgeschlossen ist, steht der Sphären-Wanderer erneut vor dem Erzengel Michael. An dieser Position hat eine Veränderung stattgefunden, denn zur Seite des Erzengels Michael steht nun

151

das dritte magische Bild von Tipharet: der gekreuzigte Gott. Der gekreuzigte oder geopferte Gott ist eine Symbolgestalt, die in vielen religiösen Kulturen vorkommt. Unsere westliche Welt sieht den gekreuzigten Gott in Jesus Christus repräsentiert. Nun ist es allerdings nötig, in diesem Zusammenhang die Begriffe »gekreuzigt« und »geopfert« etwas näher zu betrachten.

Das Kreuz als Symbol hat eine lange Geschichte, die weit vor das Christentum zurückreicht. Auch ist dieses Symbol überall auf der Erde anzutreffen, in den verschiedensten Kulturen und spirituellen Traditionen, aber immer mit der gleichen Bedeutung: Vereinigung von Gegensätzen. Ähnliches gilt auch für den Begriff »Opfer«. Opfern heißt Prioritäten setzen, heißt, etwas aufgeben, auf etwas verzichten, um dafür etwas zu erlangen oder Möglichkeiten zu erhalten, die einem wichtiger sind als das, was man dafür gibt. Auf der Ebene Tipharet besteht das Opfer darin, daß Gott, dessen Name in Kether »Der Uralte der Tage« ist, sich nach unten auf die Ebene von Tipharet begibt, wo die Begegnung und Vereinigung stattfinden kann. Dies geschieht, weil der Mensch unfähig ist, aus eigener Anstrengung über Tipharet hinauszugelangen. Dieses Hinuntersteigen bedeutet für den »uralten« Gott von Kether in jedem Falle eine Verminderung, eine Verkleinerung, die am deutlichsten im neugeborenen Kind zum Ausdruck kommt. Ein Gott, der Mensch wird, erlebt Einschränkung und Verkleinerung seiner Möglichkeiten. In dieser Einschränkung besteht denn auch das Opfer und nicht in der Zufügung von Gewalt und Leid, wie dies in der exoterischen Seite des Christentums verkündet wird. Darum erscheint Jesus Christus an dieser Stelle auch nicht als der Gekreuzigte, sondern als der Kreuzträger. Das Kreuz erhält so seine ursprüngliche Bedeutung wieder als Symbol der Vereinigung von Gegensätzen. Die zu vereinigenden Ge-

152

gensätze sind in diesem Falle die obere und die untere Hälfte vom Baum des Lebens, die sich in Tipharet begegnen oder anders ausgedrückt, das Göttliche und das Menschliche, das sich miteinander verbindet. In dem Augenblick, wo der Erzengel Michael dem Wanderer das Kreuz des Christus übergibt, geschieht auch die erste Initiation von Tipharet. (Die zweite und endgültige Inspiration von Tipharet geschieht dann, wenn sich das Kreuz zum Tyrsusstab wandelt, der die oberen Sphären erschließt.) Auch im Menschen haben sich die Gegensätze göttlich und menschlich miteinander verbunden. Er hat Ganzheit erlangt und ist dadurch zum Lichtträger geworden, der das Licht hinunterbringen soll in die untere dunklere Hälfte des Baums des Lebens, damit es auch dort hell werden kann.

Wie bereits erwähnt wurde, können diese kurzen Erläuterungen zur Vision und zum Ritual von Tipharet nicht mehr sein als einzelne kurze Stichworte, Hinweise auf etwas, das in seiner Dimension sehr viel weiter und tiefer geht, als dies vielleicht auf den ersten Blick erscheinen mag. Diese Dimensionen nach und nach zu erschließen, sie verstehen zu lernen und sich von der Kraft von Tipharet zur Ganzheit hin verändern zu lassen, das ist Aufgabe und Wirkung dieses visionären Rituals. Voraussetzung für diese Wirkung ist allerdings, daß die Reise nach Tipharet in der hier vorgestellten Art und Weise mehrmals durchgeführt wird.

Ich kann auch nachvollziehen, daß manch einem Leser an dieser Stelle vielleicht fast schwindlig wird ob der Fülle der Bilder und Visionen. Dabei ist aber zu bedenken, daß der Tempel von Tipharet – und dies gilt auch für alle anderen Tempel am Baum des Lebens – ein Bauwerk ist, das den Kathedralen gleich von vielen Generationen über eine lange Zeit aufgebaut worden ist. Die Hürden für das Betreten dieser Tempel sind seit jeher mit Bedacht hoch gesetzt. Sport und die Entwicklung der Spiritualität haben gemeinsam, daß Resultate nur nach einem bestimmten Training erreicht werden können. Aber so wie nicht jeder zum Leistungssportler sich berufen fühlt, gibt es sicher auch Menschen, die gar nicht die Absicht haben, sich in diese höheren Sphären zu begeben. Diese Menschen brauchen in keiner Weise auf den Kontakt und die Begegnung mit Engeln zu verzichten, denn die in diesem Buche geschilderten Techniken lassen sich auf eine einfachere Art verwirklichen, die nicht weniger wirksam sein kann.

So hat beispielsweise Engelbert Humperdinck in seiner berühmten Märchenoper »Hänsel und Gretel« ein Engelgebet, das auch musikalisch zu den Höhepunkten der Oper gehört und seit der Uraufführung ein Evergreen geblieben ist. Ich nehme an, die meisten Leser werden sich daran erinnern, es irgendwo bereits gehört zu haben. Der Text ist ein altes Volkslied und lautet:

Abends will ich schlafen gehn
Vierzehn Engel um mich stehn:
Zwei zu meinen Häupten
Zwei zu meinen Füßen
Zwei zu meiner Rechten
Zwei zu meiner Linken
Zweie die mich decken
Zweie die mich wecken
Zweie die zum Himmel weisen.

Dieses Engelgebet ist ein gutes Beispiel dafür, wie Engel magisch angerufen werden können. Zwei Menschen, Hänsel und Gretel, schicken sich an, in einen anderen Bewußtseinszustand, den Schlaf, hinüberzugehen. Da dieser Bewußtseinszustand einhergeht mit einer vermehrten Offenheit der tiefsten Schichten der

Psyche, und damit auch eine erhöhte Gefahr der Verletzlichkeit besteht, bedienen sich Hänsel und Gretel der magischen Kraft, welche das Bild der Engel beinhaltet, um sich zu schützen. »Zwei zu meinen Häupten, zwei zu meinen Füßen, zwei zu meiner Rechten, zwei zu meiner Linken«, ich glaube jedermann vermag darin das Symbol des Kreuzes zu erkennen, das Symbol der Verbindung der Gegensätze. »Zweie die mich decken« bedeutet, daß der irdisch-materielle Teil des Menschen geschützt werden muß wegen seiner Verletzlichkeit wenn der Mensch sich anschickt, in einen anderen Bewußtseinszustand zu treten. »Zweie die mich wecken« hält die Engelkräfte dazu an, in den höheren Bewußtseinszustand zu führen. Und den letzten zwei Engeln fällt die Aufgabe zu, den Menschen darauf hinzuweisen und dorthin zu führen, was letztlich das Ziel jedes höheren Bewußtseinszustandes ist und damit des Menschen überhaupt: »Zweie die zum Himmel weisen«.

In diesem Sinne bilden die Engel die bildhafte Brücke, um die Verbindung mit diesem sonst unerreichbaren Göttlichen aufzunehmen. Was ich eben geschildert habe, ist auch Engelmagie im reinsten Sinn. Sie kann anhand dieses Volksliedes mit der genau gleichen Technik und genausogut durchgeführt werden wie die Reisen zu den großen Erzengeln, die in diesem Buch geschildert sind.

Engelgebete und Volkslieder, welche die Begegnung mit Engeln zum Thema haben, sind überall leicht zu finden und können sehr gut als Vorstufe und Einübung der Technik für die großen Reisen zu den Erzengeln verwendet werden. Auch wenn solche Engelgebete und Volkslieder auf den ersten Anblick hin schlicht und einfach erscheinen mögen, so ist in ihnen in manchen Fällen oft mehr zu finden, als man denkt. Ich verweise noch einmal auf das zitierte Beispiel und mache auf die Zahl vierzehn aufmerksam. Forschen Sie doch einmal nach, wo diese Zahl vierzehn sonst noch vorkommt und was mit ihr esoterisch verbunden ist. Die ersten vierzehn Tarotbilder zum Beispiel oder der Mythos vom erschlagenen und auferstandenen Osiris, dessen Körper in vierzehn Teile zerstückelt wurde.

Wer diese Anregung befolgt, wird früher oder später in die höhere Esoterik vorstoßen und vertraut werden mit den Tempeln und Verbindungspfaden im Baum des Lebens. Wer diesen Weg beschreitet, wird erfahren, daß die Kraft der Engel als bildhafte Erscheinungsform des Göttlichen auch heute noch lebendig und wirksam ist, wenn auch vielleicht in einem anderen Sinn als früher.

Hinweise und Materialien
für die Praxis

Im vorhergehenden Kapitel werden die beiden Reisen
zu den Erzengeln Gabriel und Michael in allen Details
ausformuliert, so daß sie vom interessierten Leser ohne
weiteres durchgeführt werden können. Die ausführliche Analyse der Reisen, ihrer Symbolik und der
zugrundeliegenden spirituellen Erfahrung zeigt dem
Leser auch, wie eine solche Reise vorbereitet, durchgeführt und anschließend verarbeitet wird. Wenn auch
archetypische Übereinstimmungen und Gleichheiten
recht häufig sind, so werden sich doch auf jeder dieser
Reisen, besonders wenn sie – was zu empfehlen ist –
mehrmals wiederholt wird, Abweichungen und Veränderungen ergeben und nicht selten auch Erweiterun-
gen. Spirituelle Erlebnisse – das ist daraus zu ersehen –
sind individuell und können sich beim einzelnen Menschen auf verschiedene Weise zeigen, auch wenn ihnen
der stets gleiche, jahrtausendealte geistige Inhalt zugrunde liegt. Nicht zuletzt auf solchen Wegen und mit
diesen oder ähnlichen Mitteln wurde von Generation
zu Generation das Urwissen weitergegeben, das wir
Esoterik nennen. Ich finde es deshalb für die individuelle spirituelle Entwicklung des Lesers wenig sinnvoll,
weitere solch detaillierte Reiseschilderungen als Vorla-
ge zu geben, da dies den praktizierenden Leser um
seine ihm eigene und in ihrer Detailaussage nur für ihn
bestimmte Bewußtseinserweiterung bringen würde.
Ich lasse es daher dabei bewenden, für die Sephirot
Malkuth, Hod und Nezach sowie für den fünfundzwanzigsten und den zweiunddreißigsten Pfad nur das
Rohmaterial, die Bausteine sowie eine grobe Plan-

skizze zu liefern, anhand dessen der praktizierende Leser, sofern er nur über etwas Geduld und Beharrlichkeit verfügt, die ihm gemäßen Tempel und magischen Landschaften aufbauen kann, in deren Energieschwingungen er eine Begegnung mit dem entsprechenden Erzengel herbeiführen kann. Nicht das Festhalten an der buchstabengetreuen Nachahmung bringt dem Lernenden den Fortschritt, obwohl sie am Anfang durchaus ihren Sinn und ihre Berechtigung hat. Aber wenn der Schüler weiterkommen will, kommt er nicht darum herum, einmal seine eigenen Schwingen zu entfalten, sich wie ein Adler in die Höhe zu wagen, um dort das zu entdecken, was ihm zu finden bestimmt ist.

Grundsätzlich können natürlich mit allen Erzengeln auf dem ganzen Baum des Lebens durch der in diesem Buch beschriebenen Technik Kontakte hergestellt werden. Nur rate ich dringend davon ab – und das gilt vor allem für den Anfänger – die Begegnung mit Engelmächten zu suchen, die sich oberhalb von Tipharet, also auf den Sephirot Geburah, Chesed, Binah, Chockmah oder gar Kether befinden. Solche Versuche, besonders wenn sie von noch unerfahrenen Anfängern unternommen werden, können durchaus in ein sich allmählich entwickelndes Desaster münden. Der Grund dazu ist folgender:

Warnungen

Der häufigste und folgenschwere Fehler, der beim Umgang mit Engelmächten und kosmischen Kräften begangen wird, ist ihre Vermenschlichung und alles, was damit verbunden ist. Es kann nicht oft genug betont werden, daß Engel keine Menschen, sondern bildhaft-personifizierte kosmische Kräfte sind. Kräfte, deren Wesen und Aufgabe es ist, sich im Universum zur Geltung zu bringen, und die sich dabei von keinerlei für den Menschen üblichen und gültigen ethischen oder moralischen Kriterien leiten lassen. Sie vertreten einfach die ihnen eigene Energie und sind zu nichts anderem imstande. So gesehen können Engel durchaus mit sehr hochentwickelten technischen Robotern verglichen werden, eine Feststellung, die wohl für manche enttäuschend oder schockierend ist – eine Desillusionierung und ein Abschiednehmen von manch heimlich gepflegter Nostalgie aus Kindestagen bedeutet. So schmerzlich es vielleicht auch sein mag, so gilt doch, daß derjenige, der mit Engeln Umgang haben will, sich dieser Realität beugen muß. Eine Kraft wirkt einfach an und für sich, und ihre Auswirkungen werden von uns Menschen entweder förderlich und angenehm oder hinderlich und unangenehm erlebt, um die Ausdrücke gut oder böse zu vermeiden. Der Spruch »Ubique deus ubique daemon« (Wo Gott ist, ist gleichzeitig auch der Dämon) kann variiert werden in »ubique angelos ubique daemon«.

Diese rücksichtslose Durchsetzung der ihnen eigenen Energien ist eine besondere Eigenschaft der oberhalb von Tipharet angesiedelten Engel, weil sie die ausbalancierende, auf Ausgewogenheit achtende Energie von Tipharet nicht kennen. Wenn eine Arbeit mit diesen Engeln aus irgendeinem Grund sich selbständig macht und aus den Fugen gerät, braucht es schon viel Kenntnis, Erfahrung und magisches Know-how, um die Sache wieder in Ordnung zu bringen.

Um näher zu erläutern, was mit dieser Warnung gemeint ist, nehmen wir einmal als Beispiel eine Arbeit mit dem Erzengel von Chesed. Das Prinzip von Chesed ist die Mehrung, und zwar noch spezieller ausgedrückt – da bei Chesed die materielle Sphäre beginnt – die materielle Mehrung. Eine Arbeit mit dem Erzengel von Chesed kann also durchaus verlockend und absolut logisch sein, wenn man sich beispielsweise das Ziel gesetzt hat, seine Finanzen, seinen materiellen Reich-

159

tum zu mehren. Der kurzsichtige Möchtegern-Magier
hat nur dieses eine Ziel vor Augen und beginnt seine
Bemühungen, ohne daran zu denken, daß materielle
Mehrung ja nicht nur allein mit Geld und Wertbesitz
verbunden ist. Materieller »Reichtum« kann sich
durchaus auch in Übergewicht zeigen oder in anderen
Dingen, die einfach durch die Tatsache, daß sie zu
wachsen und sich zu mehren beginnen, uns vor zusätz-
liche Aufgaben stellen und so zur Last werden. Die
vielleicht denkbar schlimmste von solchen uner-
wünschten magischen Auswirkungen könnte dann in
diesem Falle der Ausbruch einer Krebskrankheit sein,
die ja im unbalancierten Wachstum, das heißt Mehrung von Körperzellen besteht. Man verstehe mich
nun nicht falsch, ich will damit nicht sagen, daß eine
magische Arbeit mit dem Erzengel von Chesed unwei-
gerlich und in jedem Fall zur Krebserkrankung führt,
aber die Möglichkeit dazu ist zumindest nicht ganz
auszuschließen. Was die Sache noch perfider und
heimtückischer machen kann, ist, daß der Möchtegern-Magier mit seinen ursprünglichen Zielvorstel-
lungen durchaus am Anfang Erfolg haben kann. So
flattert ihm vielleicht bald, nachdem er seine magischen Bemühungen aufgenommen hat, ganz unerwar-
tet und auf völlig legale Weise eine Geldanweisung ins
Haus und was dergleichen Dinge mehr sind. Aber un-
weigerlich kommt dann einmal der Moment – meist
später als früher –, wo sich die Mehrung auch auf den
anderen Gebieten durchzusetzen beginnt. Und der
Möchtegern-Magier bemerkt dies meist nicht, weil er
von den Anfangserfolgen verblendet ist. Einen selekti-
ven Einfluß, ohne Rücksicht auf das Ganze, auf die Art
und Weise und vor allem auf den Ort zu nehmen, in
welcher Form und wo sich magische Bemühungen verwirklichen sollen, gehört zum Schwierigsten jeder magischen Praxis, wenn es nicht das Schwierigste überhaupt ist. Ich weiß von keinem Magier, der damit nicht

160

seine Probleme hatte oder hat. Ja gerade für die großen magischen Begabungen und Könner gilt fast grundsätzlich, daß es ihnen trotz ihrer Begabung und ihres Könnens nicht gelang oder nicht gelingt, das zu erreichen, was für den Menschen eigentlich das Erstrebenswerteste sein sollte: Ein Leben in Glück, Zufriedenheit und erfüllt von Liebe. Aleister Crowley oder Franz Bardon sind hier zu nennen, Menschen, die überdurchschnittliche magische Begabung und großes magisches Können hatten und letztlich gerade durch diese Fähigkeiten im Leben scheiterten und zu unglücklichen Menschen wurden. Ich kenne auch andere Namen, nicht so prominent und bekannt wie diese beiden, denen aber genau das gleiche widerfahren ist.

Um den genannten Gefahren unseres erwähnten Beispiels zu entgehen, sind Sie deshalb gut beraten, die magischen Bemühungen nicht einfach stur auf Mehrung von materiellem Reichtum zu richten, sondern auf das, was man materiell braucht und nötig hat, um sein Leben im Rahmen des großen Ganzen des Universums zu führen und die einem darin gestellten Aufgaben zu erfüllen, ohne dieses große Ganze aus dem Gleichgewicht und durcheinander zu bringen. Damit befinden wir uns aber, der aufmerksame Leser hat es längst gemerkt, bereits wieder auf der Ebene von Tipharet.

Ganz anders verhält es sich bei den Engelmächten unterhalb von Tipharet. Sie alle tragen die ausgleichende Energie von Tipharet als ein Teil in sich, das heißt, sie sind auch aus sich heraus bestrebt, daß Ausgewogenheit und Gleichgewicht erhalten oder, im Falle einer Störung, wiederhergestellt werden. Ich denke bei diesem Thema an die Worte meines ehemaligen Segelfluglehrers, die er mir auf meinen ersten Alleinflug (durchaus vergleichbar einer ersten selbständigen magischen Arbeit) mitgab: »Denke immer daran«, sagte er, »daß das Flugzeug fliegen will. Es ist so konstruiert, daß es sich stets von selbst wieder in die normale Fluglage begibt. Wenn du in einen unkontrollierbaren Flugzustand gerätst, dann laß einfach alle Steuerorgane los und das Flugzeug wird sich von selbst wieder in die normale Fluglage einpendeln.« Genauso verhält es sich auch bei der magischen Arbeit mit Engelmächten unterhalb der Sphäre von Tipharet. Diese Mächte haben soviel von Tipharets Eigenschaften an sich, daß die Unausgewogenheit nicht heftig gestört wird, wenn dem Praktiker ein Fehler unterläuft, und sie sind auch in der Lage, dem Segelflugzeug gleich, einen unkontrollierten Zustand von selbst wieder auszugleichen.

Nach all diesen Bedenken und Einwänden ist die Frage sicher berechtigt: Wozu denn überhaupt Magie? Magie, noch einmal sei es gesagt, dient der Bewußtseinserweiterung und der sich daraus ergebenden Veränderung. Die Antwort auf die gestellte Frage liegt in den Worten des Erzengels Michael (siehe Seite 132): »Nur wer das Göttliche zu verstehen gelernt hat, hat es wahrhaft gefunden.« Nun braucht aber das Göttliche oder Gott die materielle Form, um sich zu zeigen und zu offenbaren. Zumindest dies eine sollte der Leser aus diesem Buch gelernt haben. Somit ist die Kenntnis der Natur – und ich meine hier Natur in ihrem weitesten Sinne, auch das, was nicht mit den fünf Sinnen des Menschen aufgenommen werden kann – mit all ihren Gesetzen und Begebenheiten eine unabdingbare Voraussetzung, um dem Göttlichen zu begegnen. Je umfassender wir Natur erkennen und erfahren, desto näher kommen wir auch dem Göttlichen, und das gilt auch für die Natur in uns, aus der wir bestehen. Nun kann diese Natur – und das ist auch nichts Neues mehr – entweder im Gleichgewicht oder im Ungleichgewicht, in der Ordnung oder in der Unordnung sein. Ist die Natur in Ordnung, in Schönheit und in Harmonie (Tipharet) erfahren wir auch das Göttliche auf diese Weise. Je mehr sich aber die Natur in ihrer ungeordneten und meist durch den Menschen verursachten Disharmonie zeigt, je mehr wandelt sich das göttliche Gesicht zur teuflischen Fratze, die zur Desorientierung, Verständnislosigkeit und dadurch zur Hilflosigkeit führt. »Es ist der Schleier des Schreckens, der uns das schöne Gesicht der Wahrheit verbirgt«, wie es der amerikanische Esoteriker Paul F. Case formuliert hat. Die durch Magie gewonnene Bewußtseinserweiterung soll uns dazu führen, das schöne Antlitz des Göttlichen zu erkennen, wo es sich zeigt, und die durch Magie erworbenen Kräfte und Fähigkeiten sollen uns helfen, den Schleier des Schreckens von dem schönen Gesicht der Wahrheit zu entfernen. Dies gilt nicht nur für die Natur *um uns*, sondern vor allem für die Natur *in uns*, für die Natur, die wir sind. Denn wenn wir in die Natur um uns herum blicken, erblicken wir immer uns selbst, sei es nun das schöne Antlitz oder die Fratze. *»Tat tvam asi«* (»Das bist du«), wie es einer der tiefgründigsten Sätze östlicher Weisheit ausdrückt.

Wie bereits am Anfang dieses Kapitels erwähnt, gebe ich für die Sephirot Malkuth, Hod, Nezach keine detaillierte Reiseschilderungen, sondern nur Hinweise und Informationen, die es dem Leser ermöglichen sollen, daraus seine eigene, individuelle Reiseroute zusammenzustellen, ich stelle Baumaterial und Rohstoff zur Verfügung, das er im Vertrauen darauf zur Hand nehmen kann, durch dessen Gebrauch schon in den richtigen Tempel und zur Begegnung mit dem richtigen Erzengel zu gelangen.

Malkuth heißt auf deutsch »das Reich« oder genauer übersetzt »das Königreich«. Malkuth ist die Erde auf der und in der wir leben oder mit anderen Worten ausgedrückt die irdisch-materielle Ebene, die für uns den Lebensraum schlechthin bedeutet und ohne den menschliche Existenz in der Form, wie wir sie kennen, nicht möglich wäre. Von da aus gesehen mag es unlogisch erscheinen, daß ich für die Sphären von Jesod und Tipharet detaillierte Anweisungen gegeben habe, für Malkuth indessen nur das Baumaterial zur Verfügung stelle. Würde es nicht der natürlichen spirituellen Entwicklung des Menschen entsprechen, zunächst einmal bei Malkuth zu beginnen und sich dann allmählich über die Pfade im Baum des Lebens nach Jesod bis hin zu Tipharet hochzuarbeiten? Dieser Gedanke ist in der Theorie zweifellos richtig, doch hat die Erfahrung der praktischen Arbeit gezeigt – und auf sie stütze ich mich vor allem –, daß der Tempel von Malkuth leichter erbaut werden kann, wenn zuvor intensiv auf der Ebene von Jesod und Tipharet gearbeitet wurde. Warum das so ist – und ich habe es bei vielen Menschen, mit denen ich gearbeitet habe, beobachtet –, kann ich momentan nicht befriedigend erklären und muß es deshalb als Faktum auf sich beruhen lassen. Eine ähnliche praktische Erfahrung zeigt auch, daß Verbindungspfade zwischen zwei Sephirot erst dann zur Bearbeitung in Angriff genommen werden sollten, wenn die beiden sephirotischen Endpunkte mehrmals gründlich und intensiv bearbeitet worden sind. Dieser Umstand ergibt schon eher Sinn und kann verglichen werden mit den zwei Polen eines elektrischen Kabels in einer Glühbirne, die absolut funktionstüchtig sein und in der richtigen Weise eingesetzt werden müssen, damit der zwischen ihnen gespannte Draht beim Durchfließen der elektrischen Energie glühen und Licht abgeben kann.

Es muß bei dieser Gelegenheit einmal festgestellt werden, daß längst nicht alles, was von der esoterischen Tradition, vor allem im praktischen Bereich und als Anleitung überliefert wird, heute noch die gleiche Gültigkeit hat, die es – nehme ich an – früher einmal hatte. Man trifft immer wieder auf esoterische Autoren, selbst solche mit prominenten Namen und Ansehen, die offenbar in dieser Beziehung Meinungen und Ansichten weitergeben, die einer eingehenden praktischen Überprüfung in der heutigen Zeit und unter heutigen Umständen nicht mehr standhalten. In solchen Fällen gilt es, neue und vielleicht noch unerprobte Wege und Praktiken zu finden, mit denen das angestrebte Resultat erreicht werden kann.

Magisches Arbeiten ist immer mit einem Risiko verbunden. Nicht umsonst ist von den vier magischen Devisen *wollen, wissen, wagen, schweigen* die dritte, die das Handeln, das Tun zum Thema hat, mit dem Wort »wagen« bezeichnet.

Aber welche Risiken sind damit verbunden? Es sind nicht immer die, vor denen traditionell gewarnt wird, aber magisches Arbeiten ist auch nicht immer so gefahrlos, wie manche meinen. Es können durchaus auch neue, noch nie beschriebene Risiken auftreten, mit denen der praktische Magier heutzutage konfrontiert werden kann. Die Gefahren können bei jedem Menschen, seinem Temperament und seiner Persönlichkeit entsprechend, unterschiedlich sein. Wer magisch arbeiten will, kommt nicht darum herum, zu *wagen*. In seinen magischen Bemühungen Vorsicht und Umsicht walten zu lassen und aus den Erfahrungen zu lernen, ohne diese persönlichen Erfahrungen zum allgemein verbindlichen Dogma zu erklären, das sollte das Grundstreben eines jeden lernenden Magiers sein. In diesem Sinne möchte ich auch meine Hinweise verstanden wissen. Nur aus dem Mut zum eigenen Wagen und zur eigenen Erfahrung kann die spirituelle Entwicklung eines Menschen wachsen. Wer Mitglied eines esoterischen Ordens, einer Bruderschaft, einer Loge oder einer ähnlichen Organisation ist, kann sich meist auf ein dort erprobtes und vorgegebenes Praxissystem stützen. Eine solche Zugehörigkeit trifft aber heute für die allerwenigsten esoterisch interessierten Menschen zu. Der Mensch, der heute seine spirituelle Entwicklung vorantreiben will, ist in erster Linie auf sich selbst und in zweiter auf Bücher, Schriften usw. angewiesen, die im Gegensatz zu früheren Zeiten heute größtenteils öffentlich zugänglich sind. Dazu kommt noch, daß man sehr genau unterscheiden muß zwischen den echten und den selbsternannten Gurus. Der »Einzelkämpfer« wird in diesem Bereich gerade in der Zukunft mehr und mehr die Regel sein. Einer magisch-esoterischen Vereinigung anzugehören, war für die Esoteriker früherer Generationen eher die Regel. Seit der zweiten Hälfte des 20. Jahrhunderts ist dies ein Privileg und eine höchst seltene Ausnahme. Deshalb ist dieses Buch auch mehr für diesen esoterischen »Einzelkämpfer« geschrieben, um ihm dabei zu helfen, direkter zum Ziel zu kommen und unnötige Irrwege zu vermeiden.

Die in diesem Buch beschriebenen Techniken habe ich selbst immer wieder erprobt. Andere Menschen, einzeln wie in Gruppen, haben sie unter meiner Anleitung und Supervision durchgeführt, ohne daß sich in irgendeinem Fall ein schädlicher Einfluß oder negative Erscheinungen gezeigt hätten. So hoffe ich denn, daß der Leser aufgrund der hier gegebenen Hinweise ebenfalls für sich positive Erfahrungen und Resultate erzielen wird.

Der mit dem Gebiet etwas tiefer vertraute Esoteriker und Praktiker wird vielleicht in einigen Fällen entdecken, daß einige Bausteine von gewissen Traditionen abweichen oder gänzlich fehlen. Ich weiß um diese Dinge. Aber im Interesse des esoterischen Einzelarbeiters lasse ich sie entweder weg oder gebe sie in einer etwas veränderten Form an. Natürlich kann ich niemandem verwehren, solche von mir nicht erwähnten oder etwas modifizierten Bausteine wieder einzuführen oder in ihre von gewissen Traditionen angegebene Form zurückzuführen. Wer das tun will, soll es tun. Aber für etwaige negative Erfahrungen und Resultate kann ich in diesem Fall dann nicht verantwortlich gemacht werden.

Informationen zu Malkuth

Malkuth heißt also »das Reich«, »das Königreich«, oder etwas freier, aber sinngemäß präziser »das Erdreich«. Der magische Gottesname, der als Schlüssel diese Sphäre aufschließt, lautet: ADONAI HA AREZ (Herr der Erde). Als Erzengel von Malkuth werden *Sandalphon* und *Auriel* genannt. Den Unterschied zwischen diesen beiden Erzengeln habe ich bereits erläutert (siehe Seite 75). Für die Praxis rate ich, mit Auriel zu arbeiten. Sein Aussehen und seine Attribute sind auf dem entsprechenden Farbbild genau zu sehen. Die Erläuterungen dazu finden Sie im Bildteil nach Seite 96.

Die Engel von Malkuth sind die sogenannten *Cherubim*, die ihrem Aussehen nach eine große Ähnlichkeit mit dem bekannten ägyptischen Sphinx haben. Man kann denn auch im Tempel von Malkuth einen oder mehrere Sphingen an dazu geeigneten Orten aufstellen. Aber die eigentlichen Engel der Ebene von Malkuth sind die sogenannten *vier lebenden Wesen: Löwe, Adler, Engel, Stier.* Den meisten werden diese vier aus der christlichen Kunst als die Attribute der vier Evangelisten bekannt sein. Jedes dieser Wesen repräsentiert eines der vier Elemente. Der Löwe das Feuer, der Adler das Wasser, der Engel die Luft und der Stier die Erde. Die Synthese aus diesen vier lebenden Wesen ergibt der Sphinx mit Löwenpranken, Adlerschwingen, Engelsgesicht und Stierleib. So verkörpert der Sphinx die Welt der Materie, welche die vier Elemente in sich vereinigt. Die Positionen der vier lebenden Wesen sind an den vier Wänden des Tempels von Malkuth: der Löwe im Süden, der Adler im Westen, der Engel im Osten und der Stier im Norden. Man kann sie sich entweder als farbige Glasfenster visualisieren, in der Art, wie wir sie von den mittelalterlichen Kathedralen her kennen, oder als große Wandteppi-

167

che, die an den Wänden hängen. Das Wesen von Malkuth ist, wie schon früher gesagt wurde, das Kubische, Eckige. Der *Kubus*, der Würfel (wir haben ihn als Element der Formenwelt von Malkuth bereits in Tipharet kennengelernt), ist eines der Hauptsymbole von Malkuth. So ist der Tempel von Malkuth kubisch gebaut. Dieser Kubus kann entweder aus Stein oder aus Holz sein. Als Stein ist er das Symbol der materiellen Form an sich, und das Holz symbolisiert die gewachsene, lebendige Form. Der Kubus kann auch als Tisch stilisiert in Erscheinung treten, wie auf dem Tarotbild I »Der Magier« (siehe Seite 17).

In der Mitte des Tempels von Malkuth steht der sogenannte *doppelt-kubische Altar*. Wie der Name schon sagt, besteht er aus zwei aufeinandergeschichteten Kuben, die auch zu einer einzigen Säule gestaltet sein können, deren untere Hälfte schwarz und deren obere weiß ist. Damit wird zum Ausdruck gebracht, daß eines der wesentlichsten Merkmale und Eigenheiten der Sphäre von Malkuth die Polarität ist. Auf dem Altar selbst können als Früchte der Erde *Korn* , *Weizen* , *Obst* usw. angeordnet sein. Sehr wichtig ist auf dem doppelt-kubischen Altar eine *Schale aus Kristall* , über der eine *lilafarbene Flamme* brennt. Diese lilafarbene Flamme verkörpert das sogenannte fünfte Element, den Äther, und darf auf keinen Fall fehlen. Denn ohne diese Flamme wäre der ganze Tempel von Malkuth – abgetrennt vom göttlichen Licht – der Erstarrung verfallen und somit tot. Denn diese lilafarbene Flamme ist eine direkte Verbindung vom göttlichen Licht von Kether her.

Das magische Bild von Malkuth ist *eine gekrönte Frau in einem sternenübersäten Mantel, auf einem Thron sitzend*. Vermutlich handelt es sich dabei um eine Gottform der Isis, die ja im weitesten kosmischen Sinne (deshalb der sternenübersäte Mantel) die Göttin der materiellen Natur ist.

Die beiden Sephirot Kether und Malkuth am Baum des Lebens verkörpern beide als einzige von allen Sephirot das Ganze des Baums des Lebens. In Kether sind alle sephirotischen Energien des Baums des Lebens in ihrer undifferenziert-manifestierten Form vorhanden und in Malkuth sind ebenfalls alle Energien der zehn Sephirot zu finden, diesmal in ihrer differenzierten Form. Außer dieser lila Flamme brennt im Tempel von Malkuth nur das künstliche Licht von Kerzen, Fackeln oder Laternen. Das Licht, das den Tempel von Malkuth erhellt, hat Materie als Brennstoff zur Nahrung. Der aufmerksame Leser hat längst entdeckt, daß die Lichtqualität in den Tempeln von Malkuth, Jesod und Tipharet sich in einer ganz bestimmten Weise voneinander unterscheiden: In *Malkuth* entsteht das Licht aus der Materie, in *Jesod* ist es das Licht des Mondes, das reflektierte, indirekte Licht der Sonne, und in *Tipharet* begegnen wir dem direkten Sonnenlicht, in Form der Sonne, die vor der Sonne steht. So erleben wir also auf unserem Weg von Malkuth nach Tipharet eine ständige Steigerung und Wandlung der Lichtqualität. Immer aber ist es, ganz gleich in welcher Form es erscheint, das Licht von einem großen Licht. An den Längsseiten des doppelt-kubischen Altars können die sogenannten vier magischen Werkzeuge befestigt sein. Im Süden der Stab, und zwar der lebendige Stab, der unbedingt Knospen haben muß (zum Beispiel sieben Knospen den klassischen Chakras entsprechend, aber auch zehn oder zwölf sind möglich mit Bezug auf die zehn Sephiroth oder die zwölf Tierkreiszeichen), im Westen der Kelch, im Osten das Schwert (mit der Spitze nach unten) und im Norden die hölzerne Scheibe mit dem eingravierten Pentagramm.

Die Farbzuteilung von Malkuth ist im Vergleich zu den anderen Sephirot etwas komplizierter und dadurch auch etwas schwieriger zu handhaben. Der Grund liegt darin, daß Malkuth und Kether am Baum des Lebens, wie bereits erwähnt, die beiden Sephirot sind, die das gesamte Energiepotential des Baums des Lebens als Ganzes in sich vereinen. Repräsentiert Kether die All-Einheit dieses Energiepotentials (bildhaft gemacht durch die Farbe weiß, die in sich alle anderen Farben enthält), so setzt Malkuth den Akzent auf die Differenzierung, auf die Abgrenzungen innerhalb dieses Energiepotentials. Malkuth ist also einem Prisma vergleichbar, welches das reine Sonnenlicht in seine einzelnen, voneinander verschiedenen Komponenten zerlegt. Zu beachten ist dabei, daß die Farben von Malkuth nicht dem Regenbogenspektrum als Gesamtheit entsprechen, sondern eng mit den vier Elementen verbunden sind. Jede Farbe auf der Sphäre von Malkuth drückt eines dieser vier Elemente aus; das ist auch bei der praktischen Arbeit zu beachten.

Diese elementare Farbzuteilung von Malkuth ist in der Tradition der Esoterik nicht einheitlich überliefert, wie es überhaupt keine genormte esoterische Farbenlehre gibt. Grundsätzlich haben sich heute zwei Systeme durchgesetzt, die ihren Ursprung in je einer der beiden großen esoterischen Traditionsströme haben, dem westlichen und dem östlichen. In der westlichen Esoterik ist es ein äußerst kompliziertes und recht schwer zu verstehendes Farbsystem, wie es im Orden »The Golden Dawn« gebräuchlich war. (Für eingehendere Studien zu diesem Farbsystem sei der Leser auf die Lehrschrift »Hodos Chamelionis in bezug auf den Lebensbaum« verwiesen, enthalten in Band I von Israel Regardie, »Das magische System des Golden Dawn«, Verlag Hermann Bauer, Freiburg im Br.). Nach dem System des »Golden Dawn« sind der Sephira Malkuth die Farben zitronengelb, olivgrün, rostbraun und schwarz zugeordnet. Die nähere Begründung dieser Zuteilung findet sich auch in der erwähnten Lehrschrift. Ich rate dem Anfänger davon ab, mit diesem komplizierten Farbsystem zu arbeiten.

Die östliche Farbenlehre basiert auf den sogenannten fünf Tattwas. Nähere Informationen darüber und entsprechende Farbtafeln sind ebenfalls im ersten Band von »Das magische System des Golden Dawn« enthalten. Farbsymbolik wird ganz allgemein von den Eindrücken und Erfahrungen bestimmt, durch die der Mensch subjektiv seine Welt wahrnimmt. Die Tattwalehre kommt aus Indien. Dort hat die Erde eine ganz andere Farbe als bei uns im Westen. Für den Anfänger ist es am besten, sich bei der Arbeit auf der Sephira Malkuth von seinen persönlichen subjektiven Farberfahrungen leiten zu lassen, die mit den vier Elementen verbunden sind. So kann für das Element Feuer die Farbe gelb oder rot gewählt werden, für das Wasser blau, für die Luft grau oder weiß und für die Erde grün oder braun. Wer an der Südküste von Frankreich beheimatet ist oder mit dieser Gegend sehr verbunden ist, wird wahrscheinlich für das Element Wasser die Farbe blau wählen. Nicht umsonst heißt ja diese Gegend Côte d'Azur. Einem Bewohner von Cornwall oder der Bretagne wird für das Element Wasser eher die Farbe grün zusagen, weil ihm die Wogen des Atlantiks vorwiegend in dieser Farbe erscheinen. Man denke bei der Auswahl der Farben auf der Sephira Malkuth stets an den Satz von McGregor Mathers »Die Farben *stehen nicht* für die Kräfte, sie *sind* die Kräfte«. Deshalb ist es wichtig, daß in der praktischen Arbeit auf dieser Sphäre die Farben herangezogen werden, die in uns selbst auch die entsprechende Wirkung hervorrufen. In der Visualisierung sollten die Farben entsprechend ihrer elementaren Zuteilung eingesetzt werden. So kann beispielsweise die Südwand des Tempels von Malkuth mit der Farbe des Feuers eingefärbt sein, die Westwand mit derjenigen des Wassers, die Ostwand mit der Luftfarbe und die Nordwand mit derjenigen der Erde.

Informationen zu Hod

Wenn Sie einmal die Sephirot der mittleren Säule (Malkuth, Jesod, Tipharet) eingehend bearbeitet haben und mit den dort vorhandenen Energien vertraut sind, können Sie sich den beiden Sephirot zuwenden, die sich am Baum des Lebens unterhalb von Tipharet auf der sogenannten männlichen und weiblichen Säule befinden. Um nicht dem in der Sephira *Nezach* latent vorhandenen Chaos zu verfallen und dessen Einfluß nicht zu stark zu spüren, ist es ratsam, zunächst die Sephira *Hod* zu bearbeiten.

Das Grundprinzip der sogenannten weiblichen Säule ist die Form an sich. Jede der auf dieser Säule angesiedelten Sephirot dient auf ihre Weise diesem Formprinzip. Kurz gefaßt, kann man darüber sagen, daß *Binah* die Form gibt, den Rahmen setzt und das Grundsätzliche bestimmt. *Geburah* hat die Aufgabe, dafür zu sorgen, daß diese von Binah bestimmte Form erhalten bleibt. *Hod* wiederum regelt die Details innerhalb des von Binah gegebenen Rahmens. *Hod* gibt also, mit anderen Worten ausgedrückt, die *Struktur*.

Gerade bei der Sephira Hod kann es von besonderem Reiz sein, einmal nicht mit der klassischen, seit Jahrhunderten überlieferten Symbolik zu arbeiten, sondern bildhafte Elemente zu verwenden, die unserer gegenwärtigen Kultur und Zivilisation entstammen. Es ist ein Merkmal unserer Kultur, daß sie dem Menschen zwar grundsätzlich Freiheit und Menschenrechte zubilligt, aber sein persönliches Leben in immer mehr Einzelheiten strukturiert, vorbestimmt und damit einengt. Dieser Umstand kann sehr wohl zum Thema einer Arbeit auf der Ebene der Sephira Hod gemacht werden. So könnte der Tempel von Hod zum Beispiel aus einem *wolkenkratzerartigen Bürogebäude* bestehen, wo den Menschen, die sich darin befinden, alles und jedes vorgeschrieben und jedes Detail geregelt ist, so daß kaum eine Ausweichmöglichkeit besteht. Auch ein *großes Einkaufszentrum* kann zum Tempel von Hod werden, wo der Mensch, sobald er es betritt, auf eine kaum merkliche Art gelenkt, beeinflußt und kontrolliert wird. Er muß bestimmte Wege und Ladenstraßen entlanggehen, bestimmte Waren gibt es nur an einem festgelegten Ort und nicht anderswo und nur in dieser Form, die keine Abweichung duldet. Der Phantasie des Lesers seien hier keine Grenzen gesetzt. Ich habe in meinen Arbeitsgruppen Experimente mit solch »modernen« Tempeln unternommen und dabei sehr gute Erfahrungen gemacht.

Der Gottesname, der den Tempel von Hod aufschließt, heißt ELOHIM SABAOTH. In der Übersetzung kann er in etwa mit dem Wort »die Vielgestaltigen« wiedergegeben werden. Dieser Gottesname ist deshalb ein deutlicher Ausdruck der Struktur und Detailgenauigkeit, welche die Sphäre von Hod bestimmen. Der Erzengel von Hod ist *Raphael* (siehe meine Ausführungen ab Seite 72). Die Engel von Hod heißen *Bene Elohim*. In der wörtlichen Übersetzung bedeutet dies die »Söhne der Götter«, aber man kommt dem Sinngehalt näher, wenn man statt dessen den Ausdruck »Kinder der Götter und Göttinnen« verwendet. Dieser Ausdruck muß wahrscheinlich vom Hintergrund der vor Jahrhunderten üblichen Großfamilie verstanden werden. In einer Zeit, als eine Sippe innerhalb eines gegebenen strukturierten Raumes zusammenlebte, gab es viele Kinder. Viele Kinder und Nachkommen zu haben, galt damals als Zeichen der Stärke der betreffenden Familie oder Sippe. Jedes dieser Kinder hatte sein eigenes unverwechselbares Gesicht, an dem es erkannt werden konnte, aber gleichzeitig trug jedes Kind auch Erbmerkmale, die der ganzen Sippe oder Familie zu eigen waren und aus denen es als zu dieser Sippe zugehörig erkannt werden konnte. Es war früher üblich, jedem Mitglied einer Familie oder Sippe einen

Namen oder Beinamen zu geben, anhand dessen es
unverwechselbar dieser Familie oder Sippe, den Eltern
oder Ureltern zugeordnet werden konnte. Ein Prinzip,
das sich auch in den heute gebräuchlichen Familienna-
men erhalten hat. Dieses Prinzip der Vielgestaltigkeit
muß sich bei der praktischen Arbeit auf der Sphäre von
Hod nicht nur im Rahmen einer Familie zum Ausdruck
bringen, sondern kann ebensogut auf Volk, Nationali-
tät, kulturelle Zugehörigkeit oder Rasse ausgedehnt
werden. Auch hier sind der Phantasie des Lesers viele
Möglichkeiten gegeben. Symbole der Sphäre von Hod
sind *Namen* und alles was mit ihnen zu tun hat. In der
modernen Version können dies Visitenkarten, Identi-
tätskarten, Reisepässe und dergleichen sein. Ebenfalls
alle Gesetzbücher, Reglemente, staatliche Fragebögen
(in acht Ausfertigungen) oder mathematische Formeln
sind dem Wesen von Hod gemäß. Am menschlichen
Körper sind Lenden und Beine der Sephira Hod zugeordnet und die Farbe ist *Orange* .

Das magische Bild von Hod schließlich ist der sogenannte *Hermaphrodit*. Wer sich in der esoterischen Literatur etwas auskennt, wird wissen, daß in bezug auf
den Hermaphroditen und das, was er zum Ausdruck
bringen und darstellen soll, einige Konfusion und Verwirrung besteht, selbst in den Schriften prominenter
Esoteriker. Immer wieder wird der Hermaphrodit mit
dem sogenannten Androgyn verwechselt. Der Androgyn, dargestellt auf dem 21. Tarotbild (Die Welt),
ist die vollkommene Vereinigung und Synthese des
männlichen und des weiblichen Prinzips. Dies kommt
dadurch zum Ausdruck, daß der Androgyn mit männlichen Geschlechtsorganen und weiblichen Brüsten dargestellt wird. Das bedeutet, der Androgyn ist also
sowohl Mann als auch Frau. Im Gegensatz dazu ist der
Hermaphrodit weder das eine noch das andere, denn er
verfügt über keines der entsprechenden geschlecht-
lichen Attribute.

Meines Wissens ist bisher noch nicht darüber nachgedacht worden, warum der Androgyn *männliche* Geschlechtsorgane und *weibliche* Brüste hat. Es könnte – theoretisch – ja auch umgekehrt sein, die Androgynität wäre auch durch männliche Brüste und weibliche Geschlechtsorgane auszudrücken. Männliche Geschlechtsorgane und weibliche Brüste haben gemeinsam, daß aus ihnen etwas strömt, das dem Leben und der Lebendigkeit dient: Sperma und Milch. Dadurch wird deutlich, daß der Androgyn das Prinzip der Fertilität, der Fruchtbarkeit symbolisiert. Demgegenüber verkörpert der Hermaphrodit, der weder männlich noch weiblich ist, das Gegenteil, die Sterilität, die Unfruchtbarkeit. Dies stimmt auch mit dem Prinzip von Hod überein, denn wo alles geregelt, geplant, eingeteilt, festgesetzt ist, da erstirbt mit der Zeit jedes Leben und jede Lebendigkeit. Wer Mühe hat, sich die Geschlechtsregion des Hermaphroditen vorzustellen, kann sie in der Visualisierung mit dem sogenannten Apron abdecken, eine diagonal geschnittene Schürze, welche die Lendengegend bedeckt. Sie ist ebenfalls ein klassisches Symbol der Sephira Hod.

Informationen zu Nezach

Die Sephira Nezach ist der Sephira Hod extrem entgegengesetzt. So stark Hod auch ordnet und strukturiert, so sehr wehrt sich Nezach gegen jede Strukturierung und Regelung, die auf dieser Sphäre als unerträgliche Einengungen empfunden werden. Nezach will fließen (nicht strömen, das ist das Wesen von Chockmah), durcheinanderfließen und wirbeln, sich nach der Unendlichkeit frei entfalten. Die spirituelle Erfahrung, die Ihnen auf Nezach zuteil wird, ist Schönheit und Sinnenhaftigkeit. Will Hod die Herrschaft der Vernunft, so strebt Nezach nach Gefühlen und Sinnen.

Die Kunst der zweiten Hälfte des 19. Jahrhunderts bis in die ersten Jahre des 20. steht ganz unter der Herrschaft von Nezach. In der Musik ist es vor allem Richard Wagner, der allem, was mit Nezach verbunden ist, durch größte Spannweite Ausdruck verleiht, wie etwa im Vorspiel zum »Rheingold«. Auch der 2. Akt von »Tristan und Isolde« lebt ganz in Nezach. Der Höhepunkt dieser Klang gewordenen Energie von Nezach ist meines Erachtens der Gesang der Brangäne »Einsam wachend in der Nacht, wem der Traum der Liebe lacht«. In der Literatur sind es Baudelaire, Verlaine und Rimbaud, durch deren Lyrik das Wesen von Nezach am deutlichsten in Erscheinung tritt.

Am ausgeprägtesten aber finden wir Nezach in der bildenden Kunst dieser Epoche. In Frankreich sind es die Impressionisten, besonders die Pointilisten, in deren Bilder wir der Kraft von Nezach begegnen. In Deutschland drücken Franz Stuck, Gustav Klimt, Hans von Marées und Max Klinger Nezach nicht nur in der Gestaltung, sondern auch in der Motivwahl aus. Am deutlichsten aber kann man in den Werken Arnold Böcklins die Energieschwingung von Nezach spüren. Sein Gemälde »Gefilde der Seligen« läßt sich gut als Anregung zur Gestaltung des Tempelinneren von Nezach verwenden. Ich bin immer wieder erstaunt darüber, daß Menschen, denen diese Gemälde kaum oder nicht bekannt sind, bei Reisen zur Sphäre von Nezach in der Böcklinschen Bilderwelt landen. Sicherlich hatte der Maler selbst keine Ahnung davon, mit Hilfe welcher Energie er seine Bilder schuf. Für die Vorbereitung einer Reise nach Nezach empfehle ich, sich möglichst mit den hier genannten Beispielen auseinanderzusetzen, sich ihren sinnenhaften Eindrücken zu stellen, gerade weil Nezach das Gefühl und nicht den Intellekt anspricht. Den Tempel von Nezach kann man als ein *Labyrinth* bauen, in dessen Zentrum sich die Bilder und Symbole von Nezach befinden. Zwar hat das Labyrinth, aus der Vogelperspektive betrachtet, durchaus eine klare Struktur, doch wer sich in ihm befindet, merkt nichts davon.

Der Gottesname von Nezach und Schlüssel zu dessen Tempel lautet: JOD HEH VAU HEH SABAOTH. In der Bibel wird dieser Gottesname meist übersetzt mit »Herr der Heerscharen«, aber »Herr der vielen« oder »Herr der Menge« kommt der eigentlichen Bedeutung näher.

Der Erzengel von Nezach trägt den Namen *Haniel*, was »Ich bin Gott« bedeutet. Es sollte eine besondere Herausforderung für den Wanderer der Sphären sein, zu erfahren und herauszufinden, warum ausgerechnet der Erzengel mit diesem Namen der Sephira der Schönheit und der Sinnenhaftigkeit zugeordnet ist. Im übrigen verweise ich auch hier wiederum darauf, was ich bereits zu diesem Erzengel gesagt habe (siehe Seite 69). In der Visualisierung ist Haniel in eine smaragdgrüne Robe mit rotem Gürtel gekleidet. In der linken Hand trägt er eine brennende Laterne (eventuell eine Öllampe), deren Licht sein Gesicht bescheint. In der rechten Hand trägt er eine Waage mit im Gleichgewicht befindlichen Schalen. Die eine Schale heißt Sinnenhaftigkeit, die andere Schönheit. Haniels Erscheinung ist weder ganz männlich noch ganz weiblich, sein Wesen strahlt Androgynität aus. Die Engel von Nezach sind die *Elohim*. (Zu den Elohim siehe Seite 70).

Ein Symbol der Sphäre von Nezach ist die mit Öl gespeiste *Lampe*, denn das Olivenöl symbolisiert die Sonnenkraft der Sephira Nezach. Ein weiteres wichtiges Symbol dieser Sphäre ist die *Rose* mit Blüte *und* Dornen. Auf der Sephira Nezach, die weder Gesetze noch Vorschriften anerkennt, ist die Gefahr der Verletzung besonders groß, deshalb ist die Rose rot, die Farbe des Blutes. In die gleiche Richtung weist das Symbol des *Leoparden mit blutigen Klauen und Zähnen* und ge-

177

sprenkeltem Fell. Der Leopard steht für das Raubtier-
hafte, das auf Nezach beheimatet ist. Es kann in seiner
äußeren Erscheinung durchaus schön sein, aber es ist
auch grausam und seinen Trieben und Instinkten ge-
horchend. Auch das gesprenkelte Fell des Leoparden
ist Ausdruck der Regellosigkeit und Planlosigkeit, die
diese Sephira darstellt. Die in Nezach vorherrschende
Farbe ist *Smaragdgrün* und deshalb gilt der *Smaragd* als
Symbol dieser Ebene. Weiter ist hier der *Gürtel* zu
nennen, der das Geheimnis der Venus verbirgt.

Das magische Bild von Nezach ist eine *wunderschöne,
nackte Frau mit Bart*. In dieser Frau dürfen wir wahrscheinlich eine Gottform der Venus erkennen (noch bis
weit in die Spätantike hinein wurde an der südfranzösi-
schen Küste eine bärtige Venus verehrt). Sie trägt einen
Bart, als Zeichen der Androgynität, im Gegensatz zum
geschlechtslosen Hermaphroditen auf Hod. Körperzuordnung von Nezach ist das *Becken* als Sitz unserer
Emotionen.

Qliphotische Energien

Für alle in diesem Buch beschriebenen praktischen
Arbeiten ist noch folgendes zu beachten: Da im Kosmos das Gesetz der Polarität vorherrscht, stehen auch
der Baum des Lebens und seine zehn Sephirot unter
diesem Gesetz. Die Kräfte der Sephirot können deshalb nicht nur in ihrem ausgewogenen Zustand hilf-
reich wirken, sondern sich in einzelnen Fällen auch von
ihrer unausgewogenen, störenden Seite zeigen. Der
beste Vergleich, um dies zu verstehen, sind die zwei
Seiten einer Münze: Kopf und Zahl. Beide tragen verschiedene Prägungen, gehören aber zur selben Münze.
Die unausgewogenen Kräfte der Sephirot werden Qli-
phot genannt, was Hüllen, Schalen bedeutet. Dieser
Ausdruck zeigt sehr gut, was gemeint ist. Eine Hülle,

eine Schale ist eben nur ein Teil des Ganzen und kann niemals für dieses Ganze stehen. Rilke hatte schon recht, wenn er sagte, »jeder Engel ist (auch) schrecklich«.

Nehmen wir einmal als Beispiel *Tipharet*. In ihrem ausgewogenen Zustand verkörpert die Sephira Tipharet Harmonie und Balance, aber in unausgewogenem Zustand kann daraus Trägheit, Selbstgenügsamkeit im Sinne von Selbstsucht und arroganter Rückzug von der Welt werden. Die spirituelle Erfahrung der qliphotischen Unausgewogenheit von Tipharet könnte sich etwa in der Abneigung oder Ablehnung jeglicher Transformation oder Transmutation zeigen, im Rückzug oder im Ausweichen vor dem Lebenskampf und seinen praktischen Erfordernissen. Vielleicht auch in einer Haltung, die ausdrückt: ich bin recht, so wie ich bin, und sehe keinen Anlaß, mich zu ändern oder zu verbessern. Es ist die Haltung eines Einsiedlers, der sich von der Welt zurückzieht und »den lieben Gott einen guten Mann sein läßt«, wie man zu sagen pflegt, und sich im übrigen nicht mehr um die Welt, die ihn umgibt, kümmert, was ihm um so leichter fällt, da er sie ja nicht mehr wahrnimmt. »Nabelschau« ist, glaube ich, kein schlechter Ausdruck, um die qliphotische Abweichung von Tipharet zu bezeichnen, denn so, wie Tipharet die Mitte des Baums des Lebens ist, ist der Nabel symbolisch gesehen die Mitte des Menschen.

Die qliphotische Abirrung auf der Sephira *Hod* kann sich in einem Übermaß von Strukturierung, Einengung zeigen, die zur Erstickung und Abwürgung alles Spontanen und Lebendigen führt. Sich in seinem Sprechen und Handeln von außen übernommenen, unreflektierten Vorurteilen leiten zu lassen, ist ebenfalls Symptom einer qliphotischen Abweichung auf der Sephira Hod. Der Zustand, in den man dadurch geraten kann, gleicht sehr wohl dem Bild »Acht der Schwerter«, wie im Tarot-Deck von A. E. Waite.

Erscheinen dem Sphärenwanderer während einer Reise nach *Nezach* plötzlich Szenen der Grausamkeit, Brutalität oder Pornobilder, merkt er daran, daß die qliphotischen Kräfte dieser Sephira sich bemerkbar machen. Zwar können sowohl Grausamkeit wie Obszönität mit Sinnenhaftigkeit in Verbindung gebracht werden, was aber fehlt ist die Schönheit und Ästhetik, die ein wesentlicher Teil von Nezach ist. Fehlt sie, ist die Sephira aus der Balance.

Die qliphotischen Energien von *Jesod* treten dann auf, wenn das Licht des Mondes seine Verbindung und Herkunft von der Sonne abtrennt oder verleugnet. Das führt zu all dem, was im weitesten Sinne mit sogenannter schwarzer Magie zu tun hat, wo ja auch das Ego des Magiers die erste und oberste Position einnimmt. Findet sich der Sphärenwanderer vielleicht statt beim Erzengel Gabriel inmitten eines wüsten Hexensabbats, kann er dies als ein Zeichen der Wirksamkeit der qliphotischen Kräfte von Jesod betrachten.

Die qliphotischen Kräfte von *Malkuth* führen zu einem übersteigerten Materialismus, der alles dominiert. Geld, materieller Besitz und jegliches, was damit zu tun hat, hat dann, ohne daß man sich dessen vielleicht klar bewußt ist, Vorrang vor der geistigen Entwicklung. Aber auch das Gegenteil kann ein Symptom qliphotischer Entwicklung auf der Sephira Malkuth sein, nämlich dann, wenn man buchstäblich den Boden unter den Füßen verliert. Der Mensch ist in der Sphäre der Materie angesiedelt, die ihm zum Lebensraum gegeben ist. Solange er sich dort befindet, kann er nur mit Hilfe dieser Materie leben und sich entfalten. Der Leitsatz von Malkuth heißt also: Soviel Materie und Materialität wie nötig, um dem Menschen zu ermöglichen, sein geistiges Wesen zu entfalten. Verachtet ein Mensch diese gesunde Materialität und verbannt sie gar aus seinem Leben, ist der Weg für die Entfaltung der qliphotischen Kräfte ebenfalls frei.

Treten bei einer Arbeit auf den Sephirot qliphotische Erscheinungen auf, so ist dies immer ein Zeichen dafür, daß die dieser Sephira eigene Energie beim betreffenden Menschen nicht ganz in Ordnung ist, sich also selbst in Unausgewogenheit befindet. Denn jeder Mensch ist ja selbst ein ganzer Baum des Lebens. Um die Balance wiederherzustellen, braucht man nicht das Arsenal des klassischen okkulten Exorzismus aufzubieten, sondern die herkömmlichen Mittel der Persönlichkeits- und Charakterschulung genügen hierzu durchaus. Achtet man dazu noch auf eine gute Psychohygiene, dann werden eventuell vorkommende qliphotische Symptome verschwinden und sich von selbst wieder auflösen.

Der fünfundzwanzigste und zweiunddreißigste Pfad

Die Verbindungspfade zwischen den einzelnen Sephirot sind die Kanäle, durch welche sich der Energiefluß von der einen Sephira zur anderen ergießt, und zwar – das ist zu beachten – in beiden Richtungen, und je nach dem wird das Resultat auch verschieden sein. Verbindungspfade werden sie genannt im Unterschied zu den zehn Sephirot, die im kabbalistischen Sprachgebrauch dem Buch Sepher Jetzirah entsprechend ebenfalls Pfade (eins bis zehn) genannt werden.

Die zweiundzwanzig Verbindungspfade, von denen jeder mit einem Buchstaben des hebräischen Alphabets und einem Bild aus der Reihe der Großen Arkana des Tarot verbunden ist, sind in höchstem Maße Orte der subjektiven Erfahrung. Deshalb können, um sie zu bearbeiten, nur ihre Thematik sowie einige Stichworte angegeben werden und nicht wie bei den Sephirot die entsprechenden Bausteine. Das Baumaterial, bestehend aus Symbolen und Bildern, das der Sphärenwanderer bei der Bearbeitung der Verbindungspfade einsetzen muß, wird sich fast ausschließlich aus dem zusammensetzen, was er aus seinen persönlichen, aktuellen Lebensumständen und seiner Lebenserfahrung mitbringt, und die sind bei jedem Menschen verschieden. Deshalb können keine allgemein verbindlichen Hinweise gegeben werden.

Noch einmal sei eindringlich daran erinnert, einen Verbindungspfad erst dann zu bearbeiten, wenn die beiden Sephirot, die ihn begrenzen, ihrerseits gründlich und mehrmals bearbeitet worden sind. Die Gefahr ins Uferlose und Ziellose, kurz – in das Chaos – zu entgleiten, ist sonst zu groß.

Wer sich etwas eingehender mit dem kabbalistischen Baum des Lebens und insbesondere seinen Verbindungspfaden beschäftigt, wird bald auf die Tatsache stoßen, daß die Zuteilung der hebräischen Buchstaben zu den einzelnen Verbindungspfaden in allen Systemen gleich ist, für die Zuteilung der entsprechenden Tarotbilder jedoch verschiedene Systeme gebräuchlich sind. Abgesehen von einigen Esoterikern (wie etwa W. G. Gray u. a.), die jeweils eine persönlich individuelle Zuteilung der Tarotbilder vertreten, haben sich grundsätzlich zwei Systeme durchgesetzt, die man allgemein die französische und die englische Zuteilung nennt. Die französische Zuteilung geht zurück auf Eliphas Lévi und seine Anhänger. Dort wird der elfte Verbindungspfad mit dem Buchstaben Aleph und dem Tarotbild I »Der Magier« verbunden. Die englische Zuteilung geht zurück auf McGregor Mathers, den Mitbegründer des »Golden Dawn«, der den elften Verbindungspfad mit dem zweiundzwanzigsten oder »nullten« Bild in Verbindung brachte, das allgemein als »Der Narr« bezeichnet wird. In meinem Vorwort zum dritten Band der deutschen Ausgabe »Das magische System des Golden Dawn« habe ich mich kurz zu dieser Problematik geäußert und möchte das dort Gesagte hier noch einmal zitieren: »Die Symbolik des Buchstabens Aleph enthält die Begegnung des Geschöpfes mit seinem Schöpfer. Der Mensch erfährt seinen göttlichen Ursprung, indem er sich als ein von diesem Göttlichen Geschaffener erkennt und dieses Schöpferische als Magier auch in sich spürt. Das Bild Null »Der Narr«, welches das kabbalistische sogenannte Ain Soph Aur, die sogenannte negative Existenz zum Ausdruck bringt, kann der Mensch nur in einer heruntertransformierten Form als zweiunddreißigsten und letzten Pfad im Baum des Lebens erfahren. Wer die Reihe der Großen Arkana des Tarot mit dem Bild Null beginnen läßt, stellt nicht das Geschaffene und damit das schöpferische Prinzip an den Anfang, sondern das Chaos. Damit sind zwei voneinander grundverschiedene esoterische Standpunkte zum Ausdruck gebracht. Kurzgefaßt kann man also sagen, die Zuteilung des Bildes I »Der Magier« zum elften Pfad bringt zum Ausdruck: Am Anfang war das schöpferische Prinzip, das sich in seinem Geschöpf manifestiert. Verbindet man das Bild Null »Der Narr« mit dem elften Verbindungspfad, lautet die Kurzformel: Am Anfang war das Chaos, das nichts und niemand anderem verbunden ist als sich selbst. Ich muß es dem Leser überlassen, welcher Schule er sich anschließen will. Meinerseits habe ich nur Erfahrung mit der Verbindung des Magiers zum elften Verbindungspfad und kann deshalb über die andere Zuteilung keine verbindlichen Aussagen machen.

Der fünfundzwanzigste Pfad ist der Pfad der Kraft, oder wie manchmal gesagt wird, der Pfad der Macht. Ob er ein Pfad der Kraft bleibt oder zum Pfad der Macht gemacht wird, hängt davon ab, wie der Sphärenwanderer die von ihm bei der Bearbeitung dieses Pfades gemachten spirituellen Visionen und Erfahrungen in sein persönliches Leben integriert. Mit Kraft ist hier die Lebenskraft des Universums ganz allgemein gemeint. Es ist die Kraft, die dem Keimling ermöglicht, die schützende, bergende, aber im Moment der Keimung auch hindernde Samenhülle zu sprengen, und die dem ausschlüpfenden Küken die harte Schale des Eis zu zertrümmern hilft, um sich daraus zu befreien. In der Kraft des fünfundzwanzigsten Pfades fallen Schöpfung und Zerstörung in eins zusammen; das Stirb und Werde zeigt sich in seiner zeitlichen Synchronizität. Im Tarotbild XV »Der Teufel« ist das ganze Geheimnis des fünfundzwanzigsten Pfades enthalten. Das gleiche gilt auch vom Mythos des Gottes Pan, wie er in der griechischen Mythologie überliefert ist. In meinem Buch »Das ist Esoterik« bin ich im Kapitel »Pan – Sohn des Hermes« eingehender auf diesen Mythos eingegangen, so daß ich den Leser dorthin verweisen möchte. Wenn er diesen Text aufmerksam studiert, wird er alle notwendigen Hinweise finden, um für sich und auf seine individuelle Weise den fünfundzwanzigsten Pfad zu bearbeiten.

Für Interessierte und Kenner des östlichen Weges der Esoterik sei noch darauf hingewiesen, daß der fünfundzwanzigste Pfad auch der Pfad ist, auf dem tantrische Initiation erfolgen kann – ich betone, kann, denn dies wird äußerst selten der Fall sein – und von dem Betreffenden, dem diese Erfahrung zuteil wird, als Privileg oder Gnade erlebt werden. Woran erkennt man nun, ob man diese Initiation erfährt oder nicht? Bei der Initiation im Tempel wird man vom göttlichen Geist berührt. Bei der tantrischen Initiation wird man von diesem göttlichen Geist erfüllt. Dies kann weder geplant und erzwungen noch auf irgendeine andere Weise herbeigeführt werden. Es geschieht auch niemals in Kursen und Workshops, die sich tantrisch nennen. Wem es geschieht, für den verändert sich alles, und die Welt wird nie mehr sein, was sie vorher war. Es gibt auch keine Loge und keinen Orden auf dieser materiellen Ebene, der diese Initiation geben kann, sondern nur die Kräfte, die dahinter und oberhalb ihrer stehen, sind dazu imstande. Wer den fünfundzwanzigsten Pfad bearbeitet, darf für diese tantrische Initiation offen sein. Wer aber den fünfundzwanzigsten Pfad bearbeitet, nur um diese tantrische Einweihung zu erlangen, wird ihrer niemals teilhaftig werden, denn das Ziel des fünfundzwanzigsten Pfades ist Tipharet. Shiva oder Shakti kommen wie ein Dieb in der Nacht dann, wenn die Zeit – und zwar deine Zeit – dazu reif ist. Wenn er oder sie dich nach getanem Werk wieder verlassen haben, wird deine Zunge keine Worte mehr finden, und übrig bleibt nur noch das große, stumme Staunen.

Der zweiunddreißigste Pfad sollte in jedem Falle am Schluß bearbeitet werden, obwohl er – von unten nach oben – im Baum des Lebens auf dem Weg der mittleren Säule am Anfang steht. Das Tarotbild, das diesem Pfad zugeordnet ist, heißt »Der Narr«. Man findet den Zugang zu diesem Pfad am leichtesten, wenn man statt des Begriffs »Der Narr« die Null zum Ausgangspunkt nimmt, die sowohl Ziffer als auch Mandala ist. Sie ist ein magisches Bild der Ganzheit des schöpferischen Chaos, das alle Möglichkeiten in sich birgt. Mehr kann über diesen geheimnisvollsten und persönlichsten aller Pfade nicht gesagt werden, ohne daß das Risiko von Mißverständnissen entsteht. Nur soviel sei noch gesagt: Wer den zweiunddreißigsten Pfad gehen will, muß bereit sein, in seinem Leben an den Nullpunkt zu gelangen und dort neu zu beginnen, was auch immer das bedeuten mag.

Die Reise eines Blinden

Damit sind wir am Ende der Ausführungen über den praktischen Umgang mit kosmischen Kräften angelangt, und mancher Leser wird sich vielleicht fragen, wie wirklich sind die hier angegebenen Bilder und

Symbole? Entstammen sie der willkürlichen Erfindung des Autors oder haben sie wirklich eine höhere Quelle. Es ist die gleiche Frage, die auch mich bewegte, und ich habe versucht, eine Antwort darauf zu finden.

Während der Arbeit an diesem Buch ließ ich einen jungen Mann, der seit seiner frühesten Kindheit blind ist, die darin beschriebenen Reisen durchführen. Es bestand für ihn also kaum eine Möglichkeit, mit physischen Augen in seinem Gedächtnis gespeicherte Inhalte abzurufen. Mit Rücksicht auf seine Behinderung gab ich ihm die entsprechenden Symbole und Bilder etwas vereinfacht vor. Was er mir dann von seinen Erfahrungen auf den Sphärenwanderungen berichtete, war einfach überwältigend. Nicht nur, daß er mit seinem inneren Auge all das sah, was ihm in der Reisebeschreibung vorgegeben wurde, sondern er sah sogar noch weit mehr, Symbole und Bilder, von deren Existenz er keine Ahnung hatte, die sich aber in genauer Übereinstimmung mit der bearbeiteten Sephira befanden. Besonders die Farbeindrücke, die er schilderte, entsprachen nicht nur der klassischen kabbalistischen Farbzuteilung, sondern waren für ihn offenbar in einer so reichhaltigen Differenzierung gehalten, daß es mir, dem physisch Sehenden, unmöglich war, diese ganze Reichhaltigkeit der von ihm gesehenen Farbabstufungen nachzuvollziehen. Eine Erklärung für dieses Phänomen habe ich nicht, es sei denn, die eingangs zitierten Sätze von P. F. Case: »Die Welt, die jeder Mensch lebt, ist die Welt, die er aus seinen geistigen Bildern formt. Je besser die Bilder, um so besser die Welt. ›Besser‹ meint in diesem Zusammenhang eine wahrhaftigere Übereinstimmung mit der fundamentalen Bilderwelt des universalen Geistes.«

Bibliographie

Das Buch Henoch. Rosenkreuz-Verlag Kassel, Leene + Borkowski, 1976.

Case, Paul Foster: The True and Invisible Rosicrucian Order. An Interpretation of the Rosicrucian Allegory and An Explanation of the Ten Rosicrucian Grades. Samuel Weiser, New York 1985.

Davidson, Gustav: A Dictionary of Angels including the fallen Angels. The Free Press, New York/ Collier-Macmillan Limited, London 1967.

Fortune, Dion: Die mystische Kabbala. (esotera-Taschenbücherei, Verlag Hermann Bauer Freiburg i. Br.).

Highfield, A. C.: The Book of Celestial Images. Angelic and god-form in ritual magic. Aquarian Press 1984.

Hope, Murry: Practical Greek Magic. A complete manual of a unique magical system based on the classical legends of ancient Greece. Aquarian Press 1985.

Leuenberger, Hans-Dieter: Der Baum des Lebens. Schule des Tarot, Bd. 2., Verlag Hermann Bauer, Freiburg i. Br., 2. Aufl. 1984.

Moolenburgh, H. C.: Engel als Beschützer und Helfer des Menschen. Verlag Hermann Bauer, Freiburg i. Br. 1988.

Papus: Die Kabbala. Ansata Verlag, Schwarzenburg 1975.

Regardie, Israel: Das magische System des Golden Dawn. 3 Bde., Verlag Hermann Bauer, Freiburg i. Br. 1988.

Ströter-Bender, Jutta: Engel. Ihre Stimme, ihr Duft, ihr Gewand und ihr Tanz. Kreuz-Verlag, Stuttgart 1988.

Verlag Hermann Bauer · Freiburg im Breisgau

Von Hans-Dieter Leuenberger sind erschienen:

Schule des Tarot.
Die »Schule des Tarot« ist kein Lese-, sondern vielmehr ein Lebens-
buch, das den Leser auf seinem ganzen Lebensweg begleitet und ihm
immer wieder mit Rat und Antwort dient. Gleichzeitig ist dies eine
gründliche fundierte Einführung in die Esoterik, die sich an alle
ernsthaft Suchenden wendet, die offen und bereit sind, sich von
der magischen Wirkung des Tarot berühren zu lassen, die wo-
möglich seine Weltanschauung und seine Lebensführung verändern
kann.

Band I: Das Rad des Lebens.
Ein praktischer Weg durch die großen Arkana.
5. Aufl., 318 Seiten mit 22 s/w-Abb. und 9 Zeichnungen, geb.
ISBN 3-7626-0243-3
Im ersten Band wird eine sehr eingehende Analyse der 22 großen
Arkana unternommen und eine Einführung in die Sprache der
Bildsymbolik gegeben. Der Leser lernt gründlich Inhalt und Bedeu-
tung der einzelnen Tarotbilder kennen und wird systematisch darin
geschult, Bildsymbole zu entschlüsseln und zu interpretieren.

Band II: Der Baum des Lebens. Tarot und Kabbala.
3. Aufl., 413 Seiten mit 13 Zeichnungen, geb.
ISBN 3-7626-0244-1
Der zweite Band behandelt die 56 kleinen Arkana und legt dar, in
welcher Weise der Tarot als Ganzes mit der Kabbala verbunden ist.
Hier wird der Leser mit den Grundzügen des kabbalistischen Den-
kens vertraut gemacht. Dabei ist das Ziel nicht eine Anhäufung
theoretischer Kenntnisse, sondern es wird ein Weg gezeigt, wie
erworbenes Wissen in der Praxis verwirklicht werden kann.

Band III: Das Spiel des Lebens.
Tarot als Weg praktischer Esoterik.
3. Aufl., 303 Seiten mit 31 Zeichnungen, geb.
ISBN 3-7626-0286-7
Im dritten Band liegt der Schwerpunkt besonders auf der praktischen
Anwendung des Tarot in bezug auf die Bewältigung der täglich
anfallenden Lebensprobleme. Der Leser lernt, wie er mit Hilfe des
Tarot seine vielfältigen Lebensaufgaben und Probleme und sein

persönliches Leben besser und im Einklang mit der kosmischen Ordnung gestalten kann.

Sieben Säulen der Esoterik. Grundwissen für Suchende.
275 Seiten mit 53 Zeichnungen, geb.
ISBN 3-7626-0373-1
Einweihung, Tradition, Menschlichkeit, Göttlichkeit, Magie, Reinkarnation und Rosenkreuzertum sind die tragenden Säulen des längst nicht mehr geheimen esoterischen Wissens. Leuenberger liefert in diesem Buch eine Vertiefung esoterischer Grundkenntnisse und schildert, wie die Selbsterkenntnis des Menschen in die Erfahrung des Göttlichen führt.

Das ist Esoterik.
4. Auflage, 239 Seiten, kart., ISBN 3-7626-0621-8
Eine Einführung in esoterisches Denken und in die esoterische Sprache. Dem Neugierigen wird das notwendige Grundwissen vermittelt.

Israel Regardie
Das magische System des Golden Dawn.
Herausgeber der deutschen Ausgabe: Hans-Dieter Leuenberger
Die Gründung der Theosophischen Gesellschaft im Jahre 1875 und die Gründung des Ordens The Golden Dawn in England im Jahre 1887 waren die beiden Ereignisse, die die Entwicklung der Esoterik und ihre Erscheinung in der heutigen Zeit entscheidend prägten. Im Golden Dawn ging es um die Wiedererweckung der westlichen Lehren, namentlich der Kabbala und der Tradition im Zeichen des Rosenkreuzes. Israel Regardie ist es zu verdanken, daß die Kenntnisse und Überlieferungen, die der Orden besaß, mit dessen Auflösung nicht untergegangen sind. Im Jahre 1937 brach er sein Ordensgelübde des Schweigens und veröffentlichte das Ordensmaterial. 1985, kurz vor seinem Tod, stellte Regardie eine neue und erheblich erweiterte Ausgabe zusammen.
Unter dem Eindruck des intensiven, neuerwachenden Interesses an der Esoterik gliederte er nun das Werk in einer Weise, daß der Schulungsweg des Golden Dawn auch in autodidaktischer Weise nachvollzogen werden kann. Der Leser verfügt über ein Informations- und Schulungsbuch, wie es bisher in der deutschsprachigen esoterischen Literatur nicht vorhanden war.

Verlag Hermann Bauer · Freiburg im Breisgau

Die neuen Dimensionen
des Bewußtseins

esotera
seit vier Jahrzehnten das führende Magazin für Esoterik und Grenzwissenschaften in Europa:
Jeden Monat auf 100 Seiten aktuelle Reportagen, Hintergrundberichte und Interviews über
Neues Denken und Handeln
Der Wertewandel zu einem erfüllteren, sinnvollen Leben in einer neuen Zeit.
Esoterische Lebenshilfen
Uralte und hochmoderne Methoden, sich von innen heraus grundlegend positiv zu verändern.
Ganzheitliche Gesundheit
Das neue, höhere Verständnis von Krankheit und den Wegen zur Heilung

– und vieles andere. Außerdem: jeden Monat auf 10 Seiten Kurzinformationen über
Tatsachen, die das Weltbild wandeln.
Rezensionen von Neuerscheinungen in **Bücher für Sie** und **KlangRaum.**
Viele Seiten Kleinanzeigen über die einschlägigen
Veranstaltungen sowie **Kurse & Seminare** in Deutschland, Österreich, der Schweiz und dem ferneren Ausland.

esotera erscheint monatlich.
Probeheft **kostenlos** bei
Ihrem Buchhändler oder direkt vom
Verlag Hermann Bauer KG.,
Postf. 167, Kronenstr. 2, 7800 Freiburg